사고의 프런티어 2

인종차별주의

REISHIZUMU

by Yoichi Komori

2006 by Yoichi Komori

First published 2006 by Iwanami Shoten, Publishers, Tokyo.

This Korean language edition published 2015

by Purunyoksa, Seoul

by arrangement with the proprietor c/o Iwanami Shoten, Publishers, Tokyo.

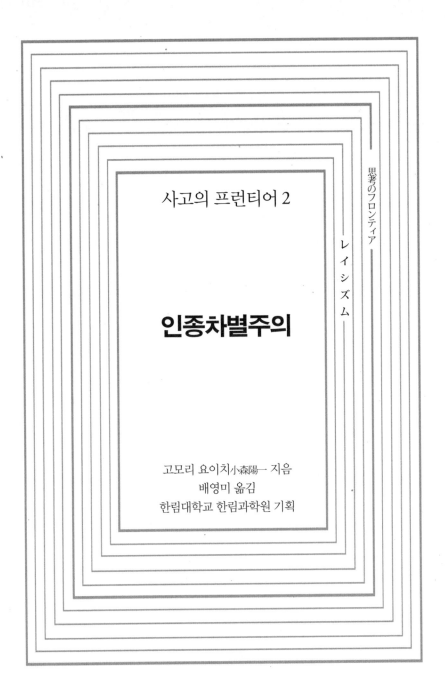

사고의 프런티어 2

思考のフロンティア

レイシズム

인종차별주의

고모리 요이치 小森陽一 지음
배영미 옮김
한림대학교 한림과학원 기획

푸른역사

일러두기

1. 이 책은 이와나미쇼텐岩波書店 출판사의 〈사고의 프런티어思考のフロンティア〉 시리즈 중 고모리 요이치小森陽一가 쓴 《인종차별주의(레이시즘)レイシズム》(岩波書店, 2006)를 옮긴 것이다.
2. 각주는 옮긴이의 것이다. 각주로 처리된 옮긴이주의 경우 주석 앞에 [옮긴이주] 표기를 했다.
3. 이 책은 2007년 정부(교육과학기술부)의 재원으로 한국연구재단의 지원을 받아 간행되었다 (KRF-2007-361-AM0001).
4. 한림과학원은 본 시리즈를 통해 개념소통 관련 주요 저서를 번역 소개하고자 한다.

들어가며

2006년 초 '라이브도어 사건'[*]과 '무라카미펀드 사건'^{**}을 보도하는 텔레비전 뉴스 화면에는 '롯폰기 힐즈'를 불법 내부거래의 아성으로 보여주는 영상이 쉴 새 없이 등장했다. 그 영상을 본 많은 사람들의 머릿속에는 '롯폰기 힐즈六本木(Roppongi Hills)'^{***}라는 건축물이 IT하이테크기업을 중심으로 한 21세기형 시장원리주의

---

* [옮긴이주] 허위의 유가증권보고서 제출을 비롯해 주식시장에 허위정보를 흘린 인터넷계 신진기업 라이브도어 및 기업임원 등이 이 기업과 관련 기업의 주가를 부당하게 높이 올려 정당한 주가보다 더 높은 주가로 구입할 수밖에 없었던 일반투자자들이 막대한 손해를 입은 사건이다(2004년). 결국 증권거래법 등의 위반으로 라이브도어와 당시 자회사였던 라이브도어마케팅, 임원들이 기소되어 사장 및 임원 7명과 2 법인의 유죄가 확정되었다.

** [옮긴이주] 일본에서 신의 손, 기업사냥꾼으로 통하는 펀드매니저 무라카미 요시아키村上世彰가 라이브도어가 니혼日本방송을 적대적 인수합병M&A한다는 정보를 이용해 부당이득을 챙긴 사건(2006년).

*** [옮긴이주] 도쿄의 미나토구 롯폰기港区六本木에 있는 통합개발단지로 주거단지, 상입시설, 문화시설, 회사 등 다양한 기능의 건물과 공간이 들어서 있다(2003년). 원래 롯폰기가 서울의 청담동과 같이 고급가게가 즐비한 곳인데 특히 롯폰기 힐즈에 거주하거나 근무하는 사람들을 일컫는 '힐즈족'이라는 신조어가 만들어질 정도로 롯폰기 힐즈는 도쿄 상류사회의 상징으로 인식되고 있다.

와 신자유주의의 '가치구미勝ち組'(사회적 승자—옮긴이)들의 근거지라는 상징성을 처음부터 지니고 있었다고 각인되었을 것이다.

그러나 대부분의 사람들은 2003년 4월 25일 '롯폰기 힐즈'에 입주 및 입점이 시작되기 직전까지 포스터나 신문광고에서 "새로운 인종주의"의 발신거점으로 '롯폰기 힐즈'를 선전했다는 사실을 이제는 잊어버렸을 것이다. 포스터나 신문광고에는 "롯폰진, 태어나다"라는 캐치프레이즈가 대문짝만하게 실려 있었다. 물론 '롯폰진'(六本人의 일본어 발음, 롯폰기 지역 주민들을 칭하는 조어—옮긴이)이라는 인종은 존재하지도 않는다. 아마 이 캐치프레이즈를 탄생시킨 마키 준眞木準(음성적 조합으로 신조어를 잘 만들어내는 카피라이터)이 '닛폰진'(日本人의 일본어 발음—옮긴이)의 발음과 합성해서 만들어냈을 것이다. 하지만 롯폰기 힐즈에 대한 대부분의 표상들은 그곳에 모인 사람들만을 '롯폰진'이라는 하나의 인종인 양 범주화한다. 그리고 "그곳에 모인 **최신 일본인**을 롯폰진이라 부른다"라고 하며 진화론적 차별화를 꾀한다. 뿐만 아니라 "**롯폰진의 에너지**는 예술로 비즈니스로 언론으로 호텔로 상점으로 오락으로, 사는 것마저 예술이 되는 주거로 **확장된다**"라고까지 한다(강조는 인용자). 즉 롯폰기 힐즈가 '롯폰진'의 식민지적 영토라도 되는 양 표상하는 것이다. 이러한 표상들로부터 우리는 "새로운 인종주의"의 징후를 확실히 발견할 수 있다.

"새로운 인종주의"에 대해 에티엔 발리바르Étienne Balibar(1942~ , 프랑스의 사상가, 철학자—옮긴이)는 다음과 같이 정의했다.

오늘날의 분석가가 '자기언급적' 인종주의—담론을 지배하는 집단을 인종의 지위로까지 격상시키는 것으로부터 출발한다—라고 명명하는 인종주의의 근원은 특권계급적 인종주의다. 따라서 이 경우 식민지에 있는 종주국 제국의 자손들이 문제가 된다. 인도의 영국인이나 아프리카의 프랑스인들은 아무리 집안이나 이해관심, 행동 등이 비속하다 하더라도 모두 근대적 귀족으로 격상된다. 이러한 특권계급적 인종주의는 식민지 국가에서의 기능으로 한정되기는 하나 이미 자본의 본원적 축적과 간접적으로 관련되어 있다. 산업혁명은 바로 이 자본주의에 고유한 계급관계를 창출함과 동시에 부르주아 시대의 **새로운** 인종주의를 출현시켰다(역사적으로 말하는 최초의 '신인종주의'). 이 '새로운 인종주의'는 착취당한(사회, 국가가 등장하기 전에는 초과착취까지 당하던) 사람들과 정치적으로 위협을 가하는 사람들이라는 이중의 지위로 **프롤레타리아트**를 선정해낸 것이다.

–〈계급의 인종주의階級の人種主義〉, 에티엔 발리바르·이매뉴얼 월러스틴, 若森章孝 외 옮김, 《인종·국민·계급—흔들리는 아이덴티티人種·国民·階級—揺らぐアイデンティティ》(원제: Race, nation, classe: les identités ambiguës, 1990), 大村書店, 1997.

"롯폰진, 태어나다"라는 캐치프레이즈를 "21세기 아이들을 위해 활약하는 롯폰진은 **아티스트**이자 **이그제큐티브**executive인 동시에 **에피큐리언**epicurean, 그리고 당신입니다"(강조는 인용자)라는 카피 문구와 함께 생각해보면 "담론을 지배하는 집단을" '롯폰진'이라는 "인종의 지위로까지 격상시키는 것으로부터 출발"했음을 알 수 있다. 왜냐하면 "아티스트"란 언론에서 "담론"을 만들어내 그 것을 "지배하는" 특권적 사람들이기 때문이다. 게다가 "이그제큐 티브"란 기업의 경영진, 간부, 대표 혹은 행정관이나 고급관료들 을 뜻하기 때문에 "지배"한다는 헤게모니가 한층 더 강조된다. 그 러니 이러한 문구가 바로 " '자기언급적' 인종주의"의 전형적 담론 이라는 점은 누구나 쉽게 수긍할 수 있을 것이다.

이렇게 생각하면 텔레비전을 중심으로 한 언론이 '라이브도어 사건'의 중심인물, 일명 '호리에몽'*을 다루는 방식 또한 납득이 간다. '호리에몽'이란 언론이 라이브도어 前사장의 성 '호리에 堀江'에 유명한 텔레비전 애니메이션 캐릭터인 '도라에몽'의 이름 을 합성해서 만든 조어다. '호리에몽'에 관한 보도를 보면 앞서 에 티엔 발리바르가 말했듯 '호리에몽'이 "이해관심, 행동거지 등이 비속하다 하더라도" 현대적 "귀족으로 격상"되었다는 것을 금방 알아차릴 수 있다.

실제로 텔레비전이 '호리에몽'을 시대의 영웅인 양 보도했을 때 의 주된 콘셉트는 그가 '에피큐리언'(쾌락주의자, 향락주의자, 미식

---

* [옮긴이주] 라이브도어의 전 사장인 호리에 타카후미堀江貴文의 애칭. 호리에는 1972년생으로 2002년 IT계열회사인 라이브도어의 경영권을 획득했고 2005년도 총선거에서 자민당 의 공천을 받아 출마했으나 낙선하기도 했다. 같은 해 후지TV의 주요 자회사인 니혼방송 인수를 추진했는데 당시의 최대 사회적 이슈로 부상되었다. IT기업의 30대 기업주가 거대 언론을 인수하려 했다는 발상이 일본사회에서는 신선한 충격이었기 때문이다. 그러나 주1 의 라이브도어 사건으로 2006년 구속, 수감되었다.

가)이라는 내용이었다.

하지만 '호리에몽'은 결코 "인도의 영국인"도, "아프리카의 프랑스인"도 아닌 일본의 일본 사람이지 않은가. 게다가 롯폰기 같이 화려한 거리가 "식민지"일 리도 없으니 틀림없이 "식민지에 있는 종주국 제국의 자손들"과는 전혀 상관이 없지 않느냐는 의문 혹은 반론도 바로 제기될 것이다.

이러한 의문 혹은 반론이야말로 "부르주아 시대의 새로운 인종주의" 후에 나타난 세계화 시대의 "새로운 인종주의"가 내포하고 있는 문제를 찾아내는 열쇠다.

메이지 시대明治(1868~1912년─옮긴이) 이후 롯폰기 일대는 줄곧 군용지였다. 그 결과 1945년 패전 후 연합국의 점령군을 상대로 하는 댄스홀이나 나이트클럽, 그리고 외국공관이 밀집하면서 아메리카나이제이션Americanization(미국화─옮긴이)을 상징하는 유행의 중심지가 되었다. 그러니 오히려 'ROPPONGI'는 일본이 아니라 '식민지'라고 해도 전혀 뜬금없지는 않은 셈이다.

게다가 롯폰기 힐즈의 중심을 이루는 롯폰기 힐즈 모리타워는 미국의 KPF(Kohn Pedersen Fox Associates, 1976년에 세워진 미국을 대표하는 건축설계사무소─옮긴이)의 설계이고, 롯폰기 힐즈 레지던스는 영국의 산업디자이너 테렌스 콘랜Sir Terence Orby Conran, 웨스트 워크West Walk는 미국의 건축가 존 제르데Jon Jerde의 디자인이다. 이렇게 보면 롯폰기 힐즈는 미국과 영국의 디자인 식민지라고도 할 수 있겠다. 미국과 영국은 롯폰기 힐즈 오픈 한 달 전인 2003

년 3월 20일부터 자칭 선제적 자위권 행사, 그렇지만 훗날 유엔헌장을 위반한 침략전쟁이라고 비난받는 공격을 이라크에 자행하고 있었다.

그렇다면 롯폰기 힐즈를 계층/계급적으로 나누면 어떻게 볼 수 있을까. 우선, 전체 200여 점의 상업시설 대부분을 차지하는 고급 브랜드숍의 단골인 "부르주아 시대"의 특권계급과 고층 오피스빌딩에 사무실을 차릴 수 있는 세계화시대의 성공자인 경영자, 그리고 고층 아파트에 거주하는 또 다른 성공자들을 롯폰기 힐즈의 상주 그룹이라고 할 수 있다. 이들의 한 층 아래 계층에는 롯폰기 힐즈의 일터로 출퇴근하는 통근자들이 자리 잡고 있다. 그리고 롯폰기 힐즈를 동경하고 선망하여 밤이나 휴일에 식사를 하거나 영화를 보러 찾아오는 사람들이 통근자들보다 하나 더 아래 계층으로 분류된다. 이러한 구조를 보면 롯폰기 힐즈는 계급과 계층의 격차를 날마다 하나의 스펙터클로 상연하는 "새로운 인종주의"의 파빌리온pavilion이라 할 수 있다. 휴일에 찾아오는 사람이 10만 명에 육박한다는 이 공간에서는 이미 그리고 항상 99.9퍼센트 이상의 일본 국적 소지자들(2006년 현재 일본인구가 1억 2,600만 명이니 10만 명은 전체인구의 약 0.1퍼센트에 해당된다)이 배제된다. 그리고 논리적으로 따지면 이 배제된 사람들이 '마케구미負け組'(사회적 패배자—옮긴이)인 셈이다. 하지만 그들은 이 사실을 인정하고 싶지 않기 때문에 언젠가는 "그곳에 모인 최신 일본인"이 될 수 있을지도 모른다는 환상 속에서 롯폰기 힐즈와의 관계 맺기의 가능성을 계

속 유지하면서 욕망도 계속 재생산한다. 쉬는 날 딱 한 번 롯폰기 힐즈에 가서는 아무것도 먹지도 사지도 않고 그냥 돌아와도 '롯폰 진' 대열에 낄 수 있으니 말이다.

표면상 일본이라는 국가의 공식적 담론 공간에서는 부정적인 가치평가를 수반하는 말로 특정 인물을 표상하는 것을 자숙이라는 명목으로 금하고 있다. 그래서 부정적인 가치평가를 수반하는 말, 즉 차별어 대신 '롯폰진'이라고 하는 "'자기언급적' 인종주의"로 표현하는 것이다. 이렇듯 우리는 의식하고 있지는 못하지만 매일 세계화 시대의 "새로운 인종주의" 담론 속에서 살고 있다는 인식을 이 책의 중요한 전제로 삼고자 한다.

인종
차별주의

Contents

01

'인종차별주의(레이시즘)'란 무엇인가

'차이'가 '차별'로 전환되는 시스템

'생물학적' 차별 그 후

프랑스 백과사전 《엔시크로페디아 우니베르사리스*Encyclopædia Universalis*》는 '인종차별주의'를 다음과 같이 정의하고 있다.

인종차별이란 현실 혹은 가공의 차이에 일반적·결정적인 가치를 매기는 것으로 이 가치 매김은 고발자가 자신의 공격을 정당화하기 위해 피해자를 희생시키고 자신의 이익을 위해 행하는 것이다.

이렇게 정의내린 사람은 알베르 멤미Albert Memmi다. 그는 1920년 프랑스 식민지 하의 튀니지아 튀니스에서 유대인 마구 장인의 아들로 태어나 알제대학, 파리대학에서 철학을 공부하고 파리 제

10대학 사회심리학 교수로 재직하면서 본인의 체험을 바탕으로 차별과 억압에 대한 사색을 계속 탐구해온 인물이다.

인종차별을 이렇게 정의하는 문장을 읽으면 필경 많은 독자들은 어떤 의외성에 놀라리라 생각한다. 모름지기 '인종차별주의' 란 무엇보다 피부색, 눈이나 코의 형상, 두개골의 형태, 등뼈의 휜 정도를 중심으로 한 신체 자세 등, 그러니까 이른바 '생물학적' 이라서 한눈에 알 수 있는 외모상의 차이를 기준으로 사람을 차별하는 것이 아니었던가. 그런데 이 정의는 너무 추상적이라는 의외성 말이다.

지금까지는 주로 피부색이나 얼굴 모습, 골격 등으로 사람을 차별하는 것은 근거 없는 편견이라는 이유로 '인종차별주의' 를 비판해왔다. 그리고 이미 전 세계 많은 곳에서 이러한 '생물학적' 인 '인종차별주의' 를 뒷받침할 만한 과학적 근거 따윈 전혀 없다는 사실이 증명되었고, 많은 사람들이 이를 받아들이고 있다.

그렇다면 과연 '인종차별주의' 는 사라졌을까? 그렇지 않다. 21세기 들어 그 모습이 바뀌면서 오히려 결정적으로 강화되었다고도 할 수 있다. 우리는 세계 곳곳에서 거대한 권력들이 "문명의 충돌", "악의 축", "아랍계 사람들은 모두 테러리스트" 등 믿기 힘들 정도로 단순한, 하지만 지극히 광범위한 '인종차별주의' 를 부추기고 있는 시대에 일상을 살고 있다.

왜 알베르 멤미가 '인종차별주의' 를 정의하면서 '생물학적' 인 면에 대해서는 전혀 언급하지 않았는지, 그의 저서 《인종차별人種

差別》(원제: *Le racism*, 菊地昌実・白井成雄 옮김, 法政大学出版局, 1996)
을 바탕으로 다시 한 번 생각해보자.

협의의 인종차별

멤미는 '인종차별주의'를 "협의"와 "광의"로 구분한다.

"협의"의 "인종차별주의자"는 "타자의 **생물학적** 차이에 준거하여 이를 이용해 타자를 괴롭힘으로써 이익을 얻으려는 사람이다. 이러한 차이에 근거한 특징들을 모아 인종이라는 이름의 통일된 집합으로 간주할 수 있다고 믿는 사람이다. 타자가 속한 인종은 불순하고 증오해야 할 것으로, 자신이 속한 인종은 순수하고 칭찬해야 할 것으로 본다"(93쪽).

이에 비해 "광의"의 "인종차별주의자"는 "생물학적 차이를 무시하든 안 하든 상관없이 또 다른 차이를 이유로 같은 태도를 취하는 것에 만족감을 느낀다. 역시 자신의 가치를 높이 여기고 타자의 가치를 폄훼함으로써 같은 행동, 즉 언어에 의한 공격 혹은 실제 공격을 하게 된다"(93쪽).

《엔시크로페디아 우니베르사리스》에 실린 멤미의 정의는 "**인종차별의 이와 같은 두 가지 의미를 구별하는 것과 이 둘을 하나의 공통된 정의로 합쳐 정리하는 것**"을 동시에 실현하고자 했던 것이다.

이른바 '생물학적'인 '인종차별주의'는 비교적 역사가 짧다. 다원의 진화론으로부터 스펜서의 사회진화론을 거쳐 19세기 후반 서구 열강이 '문명'과 '야만'이라는 자기합리주의적 흑백논리로써 자신들의 제국주의적 식민지 지배를 정당화하는 데 맹위를 떨친 것이 '생물학적' '인종차별주의'였다.

서구 열강은 두개골의 형태나 등뼈의 휜 정도 등을 예로 들면서 생물 진화의 서열에서 '백색인종'보다 '황색인종'이, '황색인종'보다 '흑색인종'이 유인원에 보다 더 가깝다는 단계적 차이를 만들어냈다. 그리고 '백색인종'의 세계 지배를 세계의 '문명'화라고 위장한, '논리'가 아닌 의사疑似과학적 논리 속에서 '생물학적' '인종차별주의'는 철로 만든 군함에 의한 공격과 위협 아래 일제히 전 세계로 퍼져 나갔다.

그러나 이러한 '생물학적' '인종차별주의'의 '의사과학적' '근거'는 그리 오래지 않아 그 허위성이 밝혀졌다.

'생물학적' '인종차별주의'가 19세기 후반부터 20세기 중반까지 맹위를 떨칠 수 있었던 것은 단순한 '차이'가 마치 절대적 차이인 양 혈통과 유전이라는 숙명적 요인으로 규정되었기 때문이다. 한번 몸에 밴 절대적 차별은 피차별자를 영구적으로 규정해버리는 기준이 되고, 여기에 정신이나 행동 형태의 특징까지 더해지면서 차별의 기준이 만들어진다. 이리하여 '생물학적 인종차별주의'는 '심리적 인종차별주의', '문화적 인종차별주의'를 내포하게 된다.

차이의 가치 매김

'인종차별주의'는 타자로서의 피차별자와 자신과의 '차이'를 철저히 강조하는 것에서 비롯된다. 이 '차이'는 멤미가 말하듯이 '현실'에 존재하는 '차이'인 경우도 있고 날조된 '가공'의 '차이'인 경우도 있다. 하지만 두 개인 간의 '차이'나 두 집단 간의 '차이'를 강조하는 것만으로는 '인종차별주의'가 성립하지 않는다는 사실은 누구나 쉽게 이해할 수 있다.

그러므로 '인종차별주의'는 특별한 방식으로 '차이'를 강조한다. 바로 '가치 매김'이다. 이 '가치 매김'을 '일반적'인 것으로 확장시켜 '결정적'이고 바꾸기 힘든 것으로 그려내는 것이다.

'차이'의 '가치 매김'은 타자에게서 발견한 자신과의 차이를 부정적인 것으로 규정하고 그것과 대비되는 자신의 특징을 무조건 긍정적인 것으로 그려내는 형식으로 이루어진다.

'가치 매김'에서 부정과 긍정은 쌍을 이룬다. 유색인종에게서 도출된 열등성이 자동적으로 백인의 우수성을 증명하는 식이다. '가치'는 현실의 '차이'든 가공의 '차이'든 '인종차별주의'자들이 피차별자보다 항상 우위에 선다는 식으로 매겨진다. 그리고 그들과 다른 피차별자의 '차이'는 부정적 특징으로 강조된다. 즉 유색이냐 백색이냐는 대등한 '차이'가 아니라는 말이다. 유색인종이 백인을 구별하기 위해 백색을 문제시하는 것이 아니라 백인들이 유색을 구별하여 문제시하는 것이다. 그리고 부정과 긍정의 '가치 매김'은 바로 악과 선의 '가치 매김'으로 굳어진다.

일반화와 전체화

한번 발견되어 '가치 매김'된 '차이' 간의 거리는 철저히 그리고 양극단으로까지 벌어진다. 부정적으로 발견된 유색이라는 경험적 '차이' 속에 야만, 무지, 잔혹, 무도, 교활 등 생각할 수 있는 범위 내의 온갖 관념적·부정적 가치가 주입된다. 이리하여 단순한 '차이'가 절대적 차별이 되어간다.

이렇듯 두 개인 혹은 두 집단 사이에서 발견된 '차이'의 '가치 매김'은 다음 단계에서는 개별성으로부터 분리되어 '일반화' 내지는 전체화된다. 개인의 특징으로 간주되던 부정적 '차이'가 집단 전체의 '차이'로 여겨지면서, 특정 집단의 '차이'가 그 집단의 혈통을 잇는 모든 사람들에게까지 확대 적용된다. 이러한 공간적 일반화, 전체화에 과거에서 미래까지를 모두 포함하는 시간적 일반화, 전체화까지 수반되면서 현존하는 사람들뿐 아니라, 같은 혈통의 시조부터 현재를 넘어 미래세대까지 모두 부정적인 '가치 매김'으로 규정된다. 즉 유대인은 늘 그랬듯이 탐욕적이다, 흑인은 예나 지금이나 야만적이며 앞으로도 그렇다, 아이누Ainu(현재 홋카이도 땅에 살던 선주민족—옮긴이)는 미개했기 때문에 멸망할 운명이었다는 식의 일반화와 전체화 말이다.

이렇게 부정적 '차이'가 사회적·역사적으로 일반화·전체화되어가면서 일체의 개별성이 배제되고 그 '차이'는 마치 '종'의 열성인 듯 영원하면서 보편적인 실체가 된다.

실체가 되면서 절대적인 것으로 굳어버린 '차이'가 '차별'이 되는 것이다. 구체적인 '차이'가 관념화된 다수의 부정적 '가치 매김'을 내포하면서 실체화·절대화되었을 때 '현실적' 차별화의 기준으로 사용된다. '일반화'되면서 '현실적'인 것으로 간주된 '차이'는 '차별'의 근거로 기능하며 상상 가능한 모든 부정적 '가치 매김'을 흡수한다. 그러고는 현실에서 멀어지면서 망상과 환상까지 끌어들여 '인종차별주의'의 신화로 전환된다.

'인종차별주의'의 신화의 가장 주요한 기능은 여태까지 발견된 **같은 인간으로서의** '차이'를, 피차별자를 **비인간화**시키기 위한 도구로 전환한다는 것이다. 신화가 된 '인종차별주의'는 피차별자의 부정적 특징을 따짐으로써 피차별자를 인간에서 동물로, 동물에서 무생물로, 무생물에서 단순한 기호로까지 폄훼한다. 폄훼의 정도가 철저하면 할수록 피차별자를 모조리 말살시키는 행위까지 '정당화'된다. 왜냐하면 상대방은 더 이상 인간도 생물도 아니기 때문이다. 그 순간 실제로 벌어지고 있는 말살이라는 행위에 대해 제거든 정화든 어떠한 언어로 의미를 규정하건 간에 그 행위는 어떻게든 '정당화'할 수 있기 마련이다.

차별하는 쪽의 폭력성

여기서 '인종차별주의'가 "고발자가 자신의 공격을 정당화하기 위해 피해자를 희생시"킨다는 멤미의 정의가 얼마나 중요한지 명백해진다. '인종차별주의'의 출발점에 '공격'이라는 폭력의 문제가 새겨져 있기 때문이다.

역사적 사실을 돌이켜보면 "고발자"인 '인종차별주의'자들은 무장한 침략자로서 타자가 사는 지역에 침입하여 살육을 일삼고 그 지역 사람들을 말살함과 동시에 노예로 삼은 사람들이다. 혹은 자신들의 영역으로 흘러 들어온 타자를 폭력적으로 배제하거나 포섭하려고 해왔다.

"고발자"는 자신이 처음부터 "희생자"와 본질적으로 부당한 폭력적 관계를 맺어왔다는 사실을 어느 정도 자각하고 있다. 그러나 자신의 폭력이 부당함을 인정하지 않고 스스로를 정당화하려는 욕망이 보다 더 강하게 작용한다. 만일 자신의 폭력이 부당하다고 인정한다면 그것을 출발점 삼아 폭력의 피해자인 타자에게 본인의 가해 책임을 인정하고 사죄하여 화해를 향한 길을 열어갈 수 있을 텐데 말이다.

그러나 자신의 폭력이 부당함을 인정치 않고 오히려 그 부당함을 어느 정도 자각하면서도 자기정당화만을 고집할 때 본래 피해자인 타자에게 과도한 공격성을 띄게 된다. 왜냐하면 상대방인 타자에게 약점, 결함 등의 부당함이 있다고 강조해야만 실제로는 자신에게 존재하지 않는 정당성을 주장할 수 있기 때문이다.

"고발자"가 "피해자"에게 어떠한 죄악감 혹은 죄책감을 갖고 있음에도 불구하고 그것을 억지로 숨기고 스스로를 정당화하려고만 하는 충동이 '인종차별주의'의 발생 지점에 존재한다는 점이 왜 중요한지 구체적으로 살펴보자.

자기정당화와 사고 정지

하나의 지역, 사회 속에서 이미 폭력과 배제의 희생자로 부당한 처벌과 제재를 당한 사람들에게 다시금 새로운 처벌과 제재를 가하는 것을 정당화할 때 '인종차별주의'의 논리가 동원된다. 이 논리로, 이미 존재하는 인종차별적 제재와 그 제재가 피차별자들에게 안겨준 많은 불행을 마치 필연인 듯 설명하려 한다. 게다가 그 설명이 반복되면서 담론에서 논리성이 사라지고 틀에 박힌 표현이 만들어졌을 때 "고발자" 즉 차별자들의 자기정당화가 완성된다.

여기서 중요한 것은 "고발자"=차별자에 속한 개개인의 개별적 의식과 의지를 초월한 집단적 분위기와 감정 속에서 자기정당화가 이루어진다는 점이다. 왜냐하면 이미 존재하는 부당한 제재와 처벌 때문에 피차별자가 강요받고 있는 불행한 생활양태가 "고발자"=차별자에게는 희생자들이 처한 객관적 조건인 것처럼 비춰질 수 있기 때문이다.

만약 객관적 조건이 아니라고 한다면, 지금 눈앞에 펼쳐져 있는 피차별자의 불행한 생활에는 어떠한 역사적 원인이 존재할테고 피차별자가 불행한 생활을 강요받기 시작하는 어떠한 계기적 사건이 발생했을 것이다. 따라서 이 문제를 검토하기 위해서는 도대체 그 원인과 사건이 무엇이었기에 지금 희생자들의 생활이 불행해졌는지를 역사적으로 인식하는 인과론적 사고 과정이 필요하다.

역사적 인과관계를 규명해야 한다는 사고를 정지시키기 위한 보완물로서 '인종차별주의'는 너무나도 안성맞춤이다. 피차별자에 대한 "고발자"의 부당한 처벌과 제재의 역사적 기원에 대해 사고를 정지시켜야만, "고발자"＝차별자가 이미 획득해놓은 여러 기득권을 정당화하고 지킬 수 있다. 그렇기 때문에 역사적 경위와 인과관계에 대한 사고가 정지되면 사회 기득권집단 전체가 공유하는 욕망이 충족된다. 그리고 개인 또한 사회집단이 공유하는 이러한 자기방위적 사고 정지에 휩쓸릴 가능성이 대단히 높아진다.

요컨대 '인종차별주의'는, 개인이 속한 사회 전체의 가치체계에 의존함으로써, 그 사회를 형성하는 권력기구의 역사적 기원에 존재하기 마련인 부당한 폭력과 그 사회를 관통하고 있는 부정에 대한 개인의 책임을 면책하는 기능을 수행한다. 모든 사람들이 이미 했고 지금도 항상 하고 있는 것 가운데 절대로 용납할 수 없는 것은 없다는, 어떻게든 역사적 필연에 근거하기 마련이라는 식의 책임회피 논리가 집단적으로 만들어진다. 따라서 '인종차별주의'는 대부분의 경우 사실에 근거한 역사인식과 책임을 부인하는 지점과 밀접하게 연관되어 있다. 역사수정주의를 비롯한 역사의 부인은 반드시 '인종차별주의'와 맞닿아 있다.

존재론적 환원

역사인식과 책임의 부인을 바탕으로 구축된 '인종차별주의'의 논리는 이미 존재하는 부정을 정당화함으로써 희생자=피차별자가 계속 처벌, 제재를 받는 것이 당연하다는 듯한 설명을 가능케 한다. 이 단계에서 희생자=피차별자는 이미 처벌, 제재를 받아왔을 뿐 아니라 지금도 계속 받고 있는 사람으로 묘사된다. 예컨대 여성이 사회적으로 고통받거나 출산의 아픔을 경험하는 것은 본래 여성이 그러한 존재이기 때문이다, 혹은 흑인이 노예가 된 것은 본래 암흑 대륙인 아프리카에서 태어나 저주받은 존재로 규정되었기 때문이다 등의 논리다.

이렇듯 존재론으로 환원함으로써 역사적으로 규정된 차별의 구조에서 역사성은 사라지고 이미 존재하는 것은 항상 그리고 앞으로도 존재한다는 식의 일반화, 전체화, 보편화만이 남게 된다.

희생자=피차별자가 이미 그리고 앞으로도 계속 불행한 생활을 영위해야만 하는 것이 필연적이고 객관적인 일이라고 그려내는 데 성공했을 때 '인종차별주의'는 완성된다. 왜냐하면 이 단계에서 "고발자"=차별자들은 이미 그리고 앞으로도 계속 정당한 재정

자裁定者라는 특권을 손에 넣게 되기 때문이다.

특권 옹호와 폭력의 기억

여기서 멤미의 정의 중 마지막 부분인 "자신의 이익을 위해 행하는 것이다"라는 문구를 검토해보자. '인종차별주의'가 기득권을 옹호하려는 욕망과 깊이 연관되어 있다는 사실은 앞서 확인했다. 문제는 이러한 기득권이 "고발자"=차별자의 의식, 특히 기분이나 감정을 어떻게 규정하고 있는가이다.

만일 어떤 사람이 현재 자신이 가지고 있는 각종 권리를 의심할 여지없이 자신 있게 정당한 것이라고 여긴다면 그에게는 '인종차별주의'가 필요 없다. 왜냐하면 그 사람은 자기정당화의 필요를 느끼지 않기 때문이다. 예를 들어 우리가 국가권력과 행정에 대해 기본적 인권옹호를 주장할 때 '인종차별주의'가 개입할 여지는 없다. 기본적 인권은 모든 사람들에게 보장되어야 한다는 논리로 자신의 인권침해에 대해 항의 혹은 저항하기 때문에 이 주장의 이론적 전제는 원리적 평등주의다.

'인종차별주의'는 특정 그룹의 사람들이 이미 가지고 있는 특권, 즉 기득권을 옹호하려고 할 때 발생한다. 특권은 특정 신분이나 계급에 속하는 사람들에게 특별히 부여된, 다른 사람들의 권리보다 우월한 권리를 일컫는다. 따라서 특권이란 특정 지역·사회에서 특정 사람들에게만 인정되며 그 외의 사람들은 부여받지 못한다. 물론 그 우월한 권리 덕분에 특권을 지닌 사람들은 그것을 지니지 않은 사람들에 비해 훨씬 큰 이익을 얻는다.

역사적으로 보면 특권계급이라 불리는 사람들의 대부분은 우월성과 지배권을 장악하는 과정에서 전쟁을 비롯한 부당한 폭력을 행사한다. 그 부당하며 부정한 폭력의 기억은 폭력을 행사한 상대, 즉 타자로부터의 보복을 두려워함으로써 잠재화된다.

한마디만 더 하자면 그 폭력의 기억으로 남아 있을 첫 공격 또한 타자가 자신들의 이익을 빼앗지는 않을까라는 타자에 대한 공포심에서 비롯되었음에 틀림없다.

현재 자신들이 지배계급이라 하더라도 자신들이 지배해야 할 상대, 즉 피지배계급인 타자에 대한 공포심은 반드시 내재되기 마련이다. 지배권력을 지닌다는 것 자체가 부당함을 자각하고 있기 때문이다. 따라서 이러한 공격은 잠재적이든 현재적이든 특권을 옹호하는 형태로 발현된다.

존재하지 않는 우월성에 대한 욕망

공포심 때문에 타자를 배제하려는 욕망이 처음에는 방위적 공격이었다 할지라도 일단 공격이 시작되면 공포심은 공격에 정비례하여 확대될 수밖에 없다. 이때 공격을 위한 공격, 즉 자신을 방

위해야 한다는 정당성 따위는 전혀 찾아볼 수 없는 공격이 전면화되면서 걷잡을 수 없게 된다. 특권을 옹호하려는 목적으로 시작된 공격을 위한 폭력은 그 폭력을 행사하는 자들에게 죄악감과 죄책감을 각인시킨다. 이는 특권 그 자체에 각인되어 있는 낙인이다.

자신의 특권이 부정하다는 의식과 이에 따른 죄악감, 죄책감으로 인해 스스로를 정당화하려 한다. 이때 그 정당화를 위해 '인종차별주의'의 논리가 필요해진다.

그런데 부정한 죄를 저지른 데다가 획득한 특권을 옹호하려 하기 때문에 당연히 아주 교활한 자기기만이 필요할 수밖에 없다. 한 사회, 한 지역에서 특권을 지닌 사람은 자신이 지배하고 있는 희생자들에 비해 사회적 서열에 근거한 우월성을 가지고 있는 듯한 착각을 하게 된다. 마치 자신에게 한 개인으로서의 우월성이 내재되어 있는 듯한 착각 말이다.

이 착각은 식민지에 있는 식민자들에게 전형적으로 나타난다. 아무리 쓸모없고 무식하고 지적 수준도 낮고 본국에서는 사회적으로 열등한 지위에 놓여 있던 불쌍한 존재라 하더라도 일단 식민지에 들어오기만 하면 부유하고 사회적 지위도 높고 용모도 뛰어난 피식민지 사람들보다도 식민자인 자신이 우월하다고 믿어 의심치 않게 된다. 메이지 시대부터 쇼와昭和 시대(1926~1989. 여기에서는 제국일본이 식민지를 보유하고 있던 1945년까지를 일컬음—옮긴이)에 이르기까지 일본의 식민자들이 중국 대륙과 한반도에 사는 사람들에게 품고 있던 지나친 차별의식은 이러한 착각 속에 내재된 심성과 맞닿아 있다는 사실을 잊어서는 안 된다.

　조금이라도 합리적으로 생각해보면 자신이 피식민지 사람들에 비해 개인적으로 우월하다는 객관적 근거는 어디에도 존재하지 않는다는 사실을 금세 깨달을 것이다. 그러나 그들은 '인종차별주의'의 논리로 무장함으로써 조금이나마 남아 있던 합리적 사고마저 중단시킨다. 그리고 스스로가 식민자이자 종주국의 사람이라는 단 하나의 이유에서 원리적으로는 존재하지 않는 자기우월성의 근거를 찾으려 한다. 이 때문에 오히려 '인종차별주의'가 더 강화되고 합리적 사고가 중단되어버린다. 그리고 스스로를 더욱더 정당화해야 한다는 초조감이 기분과 감정의 영역에서 한층 더 커진다.

　이리하여 '인종차별주의'는 지배자가 피지배자를 폭력적으로 지배할 때 수반되는 죄책감을 소거 혹은 망각시키고 계속 스스로를 정당화하는 기능을 행사하게 된다.

죄악감과 죄책감

　'인종차별주의'는 굉장히 까다로운 의사疑似논리다. 왜냐하면 '인종차별주의'는 단순히 인간의 악의가 아니라, 자신의 행위의 옳고 그름을 알고 그 행위가 타자에게 어떤 영향을 끼치는지에 대해서도 성찰할 수 있으며 타자에게 부정행위(특히 폭력행위)를 저

지른 스스로에게 죄의식을 가진다는, 이른바 '양심'의 기능에 가까운 심성으로 작용하기 때문이다. 즉 반성능력을 지닌다는 뜻이다. 이러한 의미에서 '양심'적 인간이 반성능력으로 깨달은 자신의 죄에 대해, 죄를 지은 줄 알면서도 어떻게든 스스로를 정당화하면서 그 죄의식으로부터 벗어나서 죄를 잊어버리고 편안해지고 싶어 하는 굴절된 심성이, 사람들에게 '인종차별주의'라는 의사 논리를 갖게 한다는 말이다. 그래서 까다롭다고 표현한 것이다.

게다가 실제로 죄를 지었는지 아닌지에 대한 진실성과 사실인정이 개재되어 있는 객관적 영역과 우월/열등이라는 '가치 매김'에 관한 주관적 영역이 교차하는 영역에 '인종차별주의'가 나타나기 때문에 앞서 말한 까다로움은 중층적 의미를 가진다.

왜 범죄행위에 관한 죄의식/죄책감과 우월성/열등성이라는, 언뜻 보기에는 전혀 다른 두 가지의 심적 영역이 교차되면서 중층적으로 나타나는 것일까.

바로 여기에 멤미가 말하는, "고발자"가 "자신의 이익을 위해 행하는" '인종차별주의'의 근본적 문제가 존재한다.

"고발자"는, "희생"자=피해자"가 조금도 부여받지 못한 특권을 자신들은 스스로 의도한 부정한 방법 혹은 부당한 수단으로 획득했다는 것을 반 정도는 자각하고 있다. 그 반 혹은 반도 채 안 되는 자각이 "고발자"에게 죄악감과 죄책감을 느끼게 한다. 이러한 죄악감, 죄책감을 '마음의 빚'이라 바꿔 말하면 더욱 이해하기 쉬워진다.

즉 자신의 죄를 뚜렷이 인지하고 있지는 않기 때문에 "고발자"는 "희생"자＝"피해자"에게 뚜렷한 죄악감이나 죄책감이 아니라 '마음의 빚'이라는 어중간한 감정을 막연히 지니게 된다. 이는 타자에게 금전이나 물자를 빌려놓고서 갚는 책무를 다하지 않는 것과 비슷하다. 본국에서는 땅을 빌려 쓸 수밖에 없는 식민자가 식민지에 와서는 피식민지 사람들의 토지를 일방적으로 점유한다. 이는 피식민지 사람들에게 갚아야 할 부채를 떼어먹는 것과 다름없다. 일본이 구식민지에 대해 '식민지 지배에 대한 책임'을 다하지 않는 행위 또한 마찬가지다. 2002년 9월 17일의 '평양선언' 이후 지금까지 일본이 지나칠 정도로 북한을 공격하는 것 또한 같은 맥락에서 볼 수 있다.

동등성과 우월성

피식민지 사람들에게 계속 그리고 일방적으로 이익을 가져가면서도 그 부채를 떼어먹으니 대차관계로 보면 식민자는 피식민지 사람들에 비해 열등한 지위에 놓여 있다고 할 수 있다. 이때 '마음의 빚'이 그들의 우월감을 빼앗는 중요한 포인트가 된다는 기묘한 관계가 생성된다.

식민자가 '마음의 빚'으로 인한 열등감을 없애기 위해서는 자신이 식민자라는 부채관계의 전제를 없애야 한다. 그러기 위해서는 피식민지 사람들이 자신과 대등한 경제적 주체, 즉 대차관계상의 대등한 상대임을 부정해야 한다.

즉 피식민지 사람들은 수렵, 채집생활을 하고 있었으니까 토지 소유와 문명화된 농업은 식민자 자신들이 시작했다고 인식하는 것이다. 이렇게 식민자는 피식민지 사람들을 열등한 지위로 깎아 내리고 부채를 떼어먹기 위해 온갖 논거들을 날조해나간다.

부채를 떠안고 있다는 "고발자"의 '마음의 빛'은 타자인 상대방 즉 "희생"자와의 관계를 대등한 대차관계로 보려는 지점에서 비롯된다. 이는 우리들 인간이 지닌 타자인식, 특히 처음 만난 타자에 대한 인식은 자아인식을 매개로 한 상상력에 근거한다는 사실과 연관된다.

무릇 처음 관계를 맺기 시작할 때 우선은 타자를 자신과 동등한 존재로 인지하기 마련이다. 그런데 그 후 점점 차이를 찾아내는 행위가 '마음의 빛'이라는, 우월성을 위협하는 열등감을 수반하는 요인이 된다. 이때 열등감을 부인하고 자신의 우월성을 억지로 되찾으려 하기 때문에 과도할 정도로 타자의 열등성을 강조하는 공격적인 '인종차별주의'적 담론이 생성되는 것이다.

의사논리로서의 차별

대부분의 사람들은 이른바 '인종차별주의'에 자신은 가담하지 않았다고 확신하고 있을 것이다. 자신은 피부색이나 코의 형태, 입술의 두께 등 얼굴 모습과 등뼈의 형태 같은 것으로 남을 차별하진 않는다고 말이다.

그러나 이러한 생물학적 특징으로 남을 차별하지 않는다고 확신한다고 해서 우리가 '인종차별주의'로부터 벗어날 수 있다는 보장은 아무데도 없다는 사실을 다시 한 번 짚고 넘어가야 한다. '인종차별주의'는 **좋지 않다**는 식의 옳고 그름의 차원에서 문제를 파악하는 이상 우리들은 자각하지 못할 뿐 '인종차별주의'적 태도를 취하거나 생각을 하고 있다는 것을 알아차릴 수 없다.

'인종차별주의'가 논리로 이루어져 있다면 그 논점 하나하나를 논파함으로써 해체시킬 수 있을 것이다. 하지만 '인종차별주의'는 의사논리임과 동시에 실제로 차이를 인지했던 경험을 이용한다. 또한 잠재적 죄책감에 맞선 자기정당화로 기능하면서 기분과 감정으로도 작동한다. 그래서 매우 까다롭다.

'생물학'적 '인종차별주의' 논거의 대부분은 20세기 후반에 논리적으로는 깨졌다. 그럼에도 불구하고 21세기를 사는 많은 사람들은 '새로운 인종차별주의'라고 할 수밖에 없는 기분, 감정에 사로잡혀 있다. 뿐만 아니라 그 기분과 감정은 더욱 강해지고 있다. 이러한 현상을 보면 의사논리가 비논리적 감정 영역에서 얼마나 강하게 작용하고 있는지, 그리고 그 뿌리가 얼마나 깊은지를 알게 된다.

'이질성 혐오'가 발생하는 회로

공포와 폭력

'인종차별주의(레이시즘)'의 전제에는 우리들 마음속에서 말끔히 씻어낼 수 없는 형태로 발생하는 이질성 혐오(헤테로포비아 heterophobia)의 문제가 존재한다. 이 문제는 누구든 타자와 관계를 맺음으로써만 인간이 될 수 있다는, 우리들 인간의 존재 형태와 깊이 관련되어 있다.

이질성 혐오란 자신과 확실히 다르다고 느껴지는 미지의 타자, 개인이든 집단이든 처음 만나 잘 모르는 타자를 제대로 이해하지 못하고 있다는 생각으로부터 발생하는 두려움에 근거한다.

이러한 두려움은 미지의 사람, 익숙지 않은 사람, 처음 만나는 사람을 대할 때 반드시 작동한다고 해도 과언이 아니다. 대체 왜 지금까지 자신이 소속된 집단의 구성원과 다른 특징을 지니는 타자를 만날 때 두려움이라는 특별한 감정이 생기는 것일까.

우선 두려움이라는 감정은 타자에 대한 공포로 인해 발생한다는 사실을 확인해둘 필요가 있다. 다시 말해 공포란 타자에게 공격당할지도 모른다는 위험과 불안을 느끼는 감정이다. 왜 미지의 타자임에도 불구하고 그 타자에게 공격당할지도 모른다는 위험과 불안을 느끼는 것일까. 이는 자신에게 타자에 대한 공격성과 폭력성이 내재되어 있음을 알고 있기 때문이다. 즉 공격성의 문제는 언어를 구사하는 생물인 인간이 아닌, 동물의 뇌로써 타자와의 관계를 판단해버리는 인간이라는 지점에서 비롯된다.

동물행동학자인 콘라트 로렌츠Konrad Zacharias Lorenz(1903~1989)의 공격에 관한 논의까지 굳이 소개하지 않더라도, 동물의 뇌로 타자를 판단한다면 공격할 것인가 도망칠 것인가라는 양자택일밖에 선택의 여지가 없다는 점은 누구든 쉽게 생각할 수 있다. 왜냐하면 미지의 타자를 맞닥뜨렸을 때 상대방이 자신보다 약한지 강한지를 판단하는 것은 개체 보존을 위해 매우 중요하기 때문이다. 강하다고 판단되면 공포의 감정이 강해져서 도망간다. 약하다고 판단되면 분노의 감정이 강해져서 공격을 개시한다. 상대방과의 관계에 폭력만이 개재하는 것이다.

반면 언어를 구사하는 생물인 인간은 타자와 자신과의 사이에 언어를 개재시킴으로써 폭력 이외의 방식으로 타자와의 관계를 구축할 수 있다. 그리고 이로써 사회성을 강화하고 다른 생물들에 대한 우위성을 오랜 시간에 걸쳐 형성해왔다. 다른 한편으로 인간은 여타 동물과는 전혀 달리 같은 인류에게 공격과 폭력을 자행하는 종이기도 하다. 적어도 전쟁이라는 살육으로써 권력을 탈취하는 권력정치Power Politics의 세계가 구축된 이후, 즉 유사 이래(권력과 국가에 의해 쓰인 '역사'는 폭력으로 탈취되었기에 정당성 없는 부당한 권력을 정당화하기 위해 기록되고 남겨져왔다) 인간은 같은 인간에 대한 살육과 지배를 위해 생각할 수 있는 온갖 수단을 계속 개발해왔다. 습격, 약탈, 살육, 고문, 투옥, 강제수용소 등 이루 다 헤아릴 수 없을 정도다.

이러한 공격과 폭력의 역사가 신체 깊숙이 새겨져 있기 때문에 사람들은 미지의 타자에 대해 우선은 두려워하고 공포를 느끼는 식으로 대응해버리는 것이다.

폭력을 제어하는 언어의 힘

물론 많은 동물의 종 전체를 먹거리와 입을거리를 위해 다 죽여버리고 멸종시켜왔다는 사실 또한 인간의 역사에 새겨져 있다. 그러나 이렇게 어떠한 종을 멸종으로 몰아넣는 살육은 대부분의 경우 인간과 다른 종인 동물을 살기 위한 양식을 얻는 대상이자 공존의 대상으로 여기고 살아온 사람들에 의해서가 아니라 외부에서 들어와 같은 종인 인간(선주자)을 침략한 무장집단에 의해 행해졌다.

한 지역에서 수렵채집을 중심으로 생활해온 사람들은, 자신들의 양식으로 삼기 위해 그 생명을 빼앗아온 이종異種 동물들에게 죄책감을 느낀다. 같은 생명을 가진 존재로서 이종인 동물들 또한 삶을 영위한다는 사실을 인정하기 때문이다. 자신들의 양식을 이종인 동물에게서 획득하기 위해서는 그 동물들도 번식시켜야 한다. 이러한 인식은 수렵 때 목격한 동물들의 생존조건에 대한 인식으로 이어진다. 동물의 일부를 가축으로 삼는 행위는 여기에서 비롯된다.

외부에서 들어온 무장집단에게 '문명'이라는 이름으로 학살당하거나 기본적 생활조건을 빼앗긴 '선주민'들의 종교적 의례와 신화에, 생태계 전체와의 관계 속에서 인간이라는 하나의 종이 삶을 영위하고 있다는 내용이 사상적으로 풍부하고 실감나게 나타난다는 것은 널리 알려져 있다. 북미 선주민Native American이나 일본 홋카이도의 선주민 아이누들에게 구전되는 신화에 이러한 사상이 잘 드러난다는 사실은 20세기 후반의 다양한 문화인류학적 연구에서 밝혀졌다.

이종인 동물, 즉 타자의 생명을 빼앗음으로써 인간들이 삶을 영위할 수 있다는 자각이 언어로 표현되고 인식된다. 이러한 표현과 인식이 죽인 동물(이종인 타자)을 신으로 숭상하고 고귀한 경외의 대상으로 삼는 신화 및 옛날이야기들의 원동력이 된다. 항상 언어로 표현함으로써 스스로의 폭력성을 인식하고 동시에 그 폭력에 대한 죄와 벌을 계속 경외하려는 행위에, 인간이라는 종이 스스로의 폭력성을 자각하고 타자와 관계를 맺으려는, 자신에게 내재된 폭력을 제어하려는 언어의 힘이 있는 것이다. 그리고 폭력을 제어하는 역할을 담당하는 것이 인간 뇌의 중심인 대뇌피질의 전두전야(전두엽의 앞쪽에 위치하여 뇌의 활동성, 특히 기억과 학습에 중요한 역할을 하는 부분이다—옮긴이)다.

일신교적 '문명' 권으로부터 '애니미즘animism' 이라 경멸당하고 원시적 종교관 취급을 받아온 인간이라는 종의 언어적 영위가 사실은 굉장히 현실적이고 실천적인 자연관이었던 것이다.

이종인 동물과 식물을 포함한 타자에 대한 경외심은 무엇보다 스스로가 폭력적이고 타자의 목숨을 빼앗는다는 구체적인 죄를 인정해야만 발생한다. 그러니까 인간에게만 정당성과 선善이 있다는 일방적 자기정당화의 사상과는 무관하다. 죄를 인정해야만 타자의 존엄성을 인정할 수 있다. 자신이 살고자 목숨을 빼앗은 타자에게 감사하는 마음을 가져야만 불필요한 살생을 하지 않는다. 바로 많은 종교에서 공통적으로 논하는 원죄 의식이다. 타자의 존엄성을 인정한다는 것은, 바꿔 말하면 자신과 다른 타자의 타자성, 즉 차이를 차이로 인정하고 공생을 선택한다는 뜻이다.

그렇다고 단지 생명의 동질성을 인정하는 것은 왜곡된 살생금지에 지나지 않는다. 식물은 죽여도 되지만 동물은 안 된다는 구분은 인간이라는 종을 기준으로 한 제멋대로의 구분에 불과하다. 여기에는 이미 차별이 존재한다. 차별은 죄를 죄로 인정하지 않으려는 자기정당화에 근거한다.

공격과 도망의 이코노미

이질성 혐오는 인간에 내재되어 있는 동물적 공격성과 폭력성에 뿌리를 둔다. 선천적인지 후천적인지를 따지는 것은 그다지 의미가 없다. 본질을 따진다고 문제 해명에 도움이 되는 논리를 얻을 수는 없기 때문이다.

타자에게서 인지한 차이에 공포와 불안이 더해지면서 의미가 만들어질 때 이질성 혐오가 발생한다는 사실을 확인하는 것이 중요하다. 타자의 이질성이 언어를 매개로 한 공생이 아니라 폭력적 배제의 대상이 되었을 때 이질성 인지는 이질성 혐오로 기능하기 시작한다.

도대체 어떤 기분과 감정의 회로가 작동하기에 단순한 이질성 인지가 이질성 혐오로 전환하는 것일까. 타자와의 관계성이 원래 어떻게 형성되는지 그 출발점으로 다시 한 번 돌아가서 생각해보자. 동물이 타자를 맞닥뜨렸을 때 그 이질성에 두려워 떨며 공포를 느꼈을 경우 공격할지 도망갈지 양자택일밖에 선택할 수 없음은 앞서 확인한 바다. 그러나 이 양자택일에 실은 아주 폭넓은 선택의 여지가 있다는 점도 아울러 생각해야 한다.

우선 모든 동물 종은 외계의 변화, 특히 자신들을 포식할 가능성이 있는 이종에 대해 각자 특유의 선천적 행동 양식이나 능력을 지녔다는 점부터 생각해보자.

먼저 자신들의 종을 포식할 가능성이 있는 이종에 대해서는 선천적으로 도망이라는 반응 형식을 선택하게 된다. 공격은 도망이라는 선택지가 사라지고 생사의 기로에까지 내몰렸을 때에만 선택한다. 물론 이때의 공격이란 도망의 조건을 확보하기 위한 선택이기도 하다. 도망이 불가능하다면 허무한 저항으로 끝날 수밖에 없다. 따라서 약한 종일수록 도망이라는 반응 형식이 다양하기를 보다 절실히 원한다. 반대로 강하면 강할수록 도망의 형식이 다양할 필요는 줄어든다. 즉 두려워할 일이 적으니 도망갈 필요도 없어지고, 따라서 공격은 최소한의 경우, 즉 먹잇감을 잡아야만 생존할 수 있을 경우로 한정된다. 생태계의 균형은 대부분 이러한 공격과 도망의 이코노미 위에 성립되어 있다.

기호적 세계의 발생

인간이라는 종이 포유류 가운데 가장 약한 종의 하나라는 사실은 이미 여러 방식으로 확인되었다. 하지만 인간은 약한 종임에도 불구하고 환경에 적응하여 도구를 만듦으로써 새로운 문제 상황에 대처할 수 있는 다양한 기능을 습득해왔다. 인간이라는 약한 종은 다른 종으로부터의 공격을 방어할 수 있는 능력을 '문명'으로 획득해온 것이다. 방어의 수단이 되는 도구는 동시에 공격의 수단이 되기도 한다.

인간이라는 종이 '진화'해왔다는 증거는 '도구'를 매개로 하여 인간의 신체적 능력 이상의 힘을 외계, 즉 자연계에 발휘하고 환경 자체를 뒤바꾸는 '문명'을 얻었다는 점에서 찾을 수 있다. 어느 시대에도 무기는 힘에 관련된 기술의 최첨단 수준을 보여준다. 이종인 다른 동물을 수렵하기 위해 쓰이던 '도구'로서의 무기는 이윽고 동종인 인간을 향하게 된다. 바로 '도구'였던 테크놀로지를 이용한 권력정치로서의 전쟁의 기원이다.

그러나 동종인 인간과 인간 사이를 물질적으로 매개하는 '도구'와는 전혀 다른 또 하나의 결정적 '진화'의 증거가 있다. 바로 언어를 중심으로 한 기호적 세계다. '도구'로서의 테크놀로지는 인간에 내재되어 있는 신체적 힘을 증폭, 확대시키는 매개 혹은 매체다. 따라서 노동에도 이용할 수 있으며 동시에 같은 인간의 신체에 대한 폭력을 증폭, 확대시키는 무기로 전용될 수도 있다.

이에 비해 언어를 중심으로 하는 기호적 세계는 신체적 힘이 아닌 음성, 시각표상(예를 들어 문자나 표식)을 사람과 사람 사이에 개재시킴으로써 정보를 전달한다.

언어가 만드는 '아이덴티티'

식민지주의와 '인종' 개념

'인종'이라는 개념이 유럽 각 지역의 언어로 인간의 신체적 특징을 분류하는 데 쓰이기 시작한 것은 15세기 말의 '신대륙' 발견부터다. 이른바 '대항해시대' 이후인 것이다.

스페인, 포르투갈에 이어 네덜란드, 영국, 프랑스 등 유럽 각국이 '신대륙'을 침략하여 정복을 거듭하며 식민지를 넓혀나갔다.

침략자들은 다양한 차이를 지닌 미 대륙의 선주민들을 '인디오 Indio'라는 이름으로 한데 묶음으로써 자신들 '백인'과 차별화했다.

'신대륙'에서 유럽의 침략자들은 처음 보는 동식물에게 이름을 붙이고 분류한 다음 그 집합을 종으로 계층화시킨 것과 마찬가지로, 선주민에 대해서도 언어·습관·종교나 신체적 특징을 유형학적으로 기술했다.

유럽의 침략자들은 '문명'의 무기로 선주민들을 학살, 정복하고 예속화시켰다. 동시에 많은 사람들을 아프리카 대륙에서 '신대륙'으로 노예로 강제로 끌고 가 유럽에 필요한 상품 작물을 생산하는 노동력으로 이용했다. 이러한 폭력에 의한 지배는 '문명' 대 '야만'이라는 흑백논리로 정당화되었다.

폭력적 침략과 정복적 지배를 근거로 형성된, 극히 불평등한 여러 현실적 관계를 정당화하면서 설명하는 데 '인종'이라는 개념은 꽤 유용하다.

틀림없이 동류인 '인간'이라는 종의 개념을 '인종'을 이용해서 하위분류시킨 다음 각각의 '인종'과 '인종' 사이에 우열이 있다는 식으로 계층화시키면, 단순한 폭력적 침략에 불과했던 식민주의적 행위에 '문명'으로 '야만'을 계몽시킨다는 의미를 부여할 수 있게 된다.

보다 정밀한 하위분류를 위해 '선주민'에 대한 관찰과 기술, 즉 담론화 작업이 아주 중요한 의미를 지닌다. 식민지 지배자들이 식민지나 '선주민'들의 타자성을 둘러싼 담론을 거듭 생산하는 가운데 거울에 비친 좌우가 바뀐 제모습과 같이 침략자이자 정복자라는 '정당'한 '아이덴티티'가 형성되어간다.

아이덴티티라는 용어

《고지엔広辞苑》(일본 이와나미 서점에서 출간되는 대표적 일본어사전—옮긴이)에서 '아이덴티티'를 찾아보면 "인격의 존재증명 혹은 동일성. 한 사람의 일관성이 시간적·공간적으로 형성되고 그것이 타자와 공동체로부터도 인정받는 것. 자기의 존재증명. 자기동일성. 동일성"이라고 정의되어 있다.

이렇듯 외래어를 번역한 것으로 보이는 "존재증명. 자기동일성. 동일성"과 같은 한자숙어만 여럿 병렬해놓으면, 정의 자체를 한자숙어 하나하나의 개념으로 환원시켜 다시 정리하지 않는 한 결국 정확한 뜻을 파악하기 힘들다. 미궁에 빠져버리게 되는 것이다. '인격'이란 'personality'의 번역어로 환경이나 외계에 대한 한 인간의 독특한 적응 방식을 규정하는 여러 심리적·생리적 부분의 역동적 시스템을 뜻한다. 그렇다면 한 인간이 하나의 인격을 가진다는 셈인데, 이러한 정의는 '인격' 즉 심리적·생리적 부분의 외계에 대한 대응 방식이 한 인간 내부에서 일관된다는 것을 증명하는 셈이 된다. 왜 이러한 증명이 새삼 필요했을까. 왜 인간은 인격이 한 인간의 내부에서 일관되어 있다는 사실을 굳이 증명하고자 하는, 불안과 욕망을 품게 되었을까.

이 의문은 1960년대 이후 '아이덴티티'라는 개념이 에릭 에릭슨Erik Homburger Erikson(1902~1994)의 《유아기와 사회Childhood and Society》(1950)를 계기로 사회학 용어로서 인문사회학계에서 널리 유통되기 시작했다는 사실을 떠올리면 쉽게 풀 수 있다. 에릭 슨은 프랑크프루트에서 유대계 덴마크인의 아들로 태어나 1933년에 나치스 독일에서 도망치듯 미국으로 건너가 정신분석적 심리학에 기초한 역사학을 연구한 학자다. 이러한 출생과 성장 배경에서 알 수 있듯 에릭슨은 민족, 국적, 언어, 종교라는 다양한 면에서 분열되고 찢기는 체험을 할 수 밖에 없었다.

에릭슨의 대표작이 발표되어 많은 지식인들이 그 책을 읽었던 당시, 미국에서는 흑인을 비롯한 다양한 마이너리티 그룹이 교육, 고용, 선거 등 다양한 영역에서의 차별에 항의하는 공민권운동이 고조되고 있었다. 에릭슨의 논의와 개념은 이러한 미국의 차별 철폐운동에서 상당히 효과적인 힘을 발휘했다. 그리고 인종차별 철폐운동을 계기로 '우먼 리브women's liberation'(여성해방운동—옮긴이)와 '레즈비언, 게이 해방운동'에서도 그 힘은 발휘되었다.

'아이덴티티'라는 용어에는 미국의 이러한 특정 역사성을 지닌 개념이 축적되어 있다는 사실을 잊어서는 안 된다. 앵글로색슨계 백인 기독교도 남성이 미합중국에서 보유해왔던 제 권리에 대해 대등, 평등할 것을 요구하는 공민권운동은 한 국가와 사회 내에서의 제한적 확대라는 의미에서는 어느 정도 유효하다. 하지만 단순히 평등을 주장하는 것만으로는 공민권운동이 요구했던 기존의 제권리 그 자체가 과연 정당한지를 고찰할 수 없다. 이 점도 다시 한 번 짚어봐야 한다.

스스로를 뿌리째 뽑은 사람들

앵글로색슨계 백인 기독교도 남성, 즉 WASP(White Anglo-Saxon Protestant)들이 무슨 짓을 저질러왔는지 따지지 않고 그들이 보유해온 권리의 정당성을 무조건 인정할 수는 없다. 권리의 한 측면이 법에 의해 보호받고 타인에게 주장할 수 있는 자신의 이익이라 한다면 그 법이 확립되었을 당시 어떤 사람들이 타인으로 설정되었는지를 생각해야 한다.

WASP는 미국이라 명명된 대륙으로 마음대로 건너가서는 선주민들을 폭력으로 살육하고 자신들의 개척지에서 내쫓고, 야생동물들과 공생하는 선주민들의 삶을 지탱해온 자연환경을 파괴했다. 그러고는 자신들만이 신으로부터 농사지을 혜택을 부여받았다고 믿어 의심치 않았다. 산업혁명 이후에는 면공업 제품의 원료 생산을 위해 아프리카에서 끌고 온 사람들을 노예로 부리며 폭력적 수탈을 계속 자행했으며, 선주민이나 아프리카계 미국인, 그리고 WASP 이외의 이민집단을 차별한 사람들이다.

WASP에게 타인이란 같은 WASP밖에 없었다. WASP가 아닌 사람들은 인간이 아니었기 때문이다. 이 나라 법의 담론체계는 이러한 폭력의 행사를 바탕으로 미합중국의 '국어'인 미국 영어 American English에 의해 구축된 것이다.

미국 영어는, 영국 영어King's English·Queen's English가 지배하는 대영제국에서 종교적으로 차별받고 박해당해 스스로를 뿌리째

뽑아 미 대륙으로 이민 온 WASP들이 사용하지만 발음 체계조차
본국의 영국 영어와 완전히 다르다. 그리고 미합중국의 법체계는
바로 이 미국 영어를 구사하는 사람들이 구축했다.

대안적 근거

 1775년 렉싱턴 전투로 시작된 독립전쟁, 76년의 독립선언, 83
년의 파리조약에 이르는 독립 승인 과정에서 미국은 영국의 식민
지 신세에서 벗어나 독립했다는 이야기가 통상적 역사인식이다.
 그러나 무릇 식민지 종주국으로부터의 독립이란 다른 지역에서
들어온 침략자들을 선주민이 쫓아내는 것이 아니었던가. 분명 이
러한 해석에는 'independence'라는 영어가 미국식으로 유용된 배
경이 자리 잡고 있을 것이다. 실제로는 침략자로서 미 대륙으로
이민 온 사람들이 선주민들의 땅을 폭력으로 점유하고 자신들의
소유물로 취급하다가 본국과의 이해 대립이 발생하자 관계를 끊
은 것에 지나지 않는다. 다른 관점에서 보자면 미 대륙의 선주민
들이 원래 자신들이 살던 토지의 권리를 주장하거나 그 땅을 두
번 다시 되찾지 못하도록 만든 것, 이것이 그들이 말하는 '독립'이
라고 해도 무방할 정도다. 우리는 미합중국이야말로 가장 강고한
지배체제를 구축한 식민지국가라는 역사인식을 가지고 세계의 이
민을 받아들이는 자유의 나라 미국이라는 환상과 결별해야 하지

않을까.

미합중국은 WASP의 권리를 규정한 법의 언어로써 개인과 국가 간의 계약이 성립된 국가라는 사실을 결코 잊어서는 안 된다. 스스로를 이전 거주지로부터 뿌리째 뽑아 이민해서는 그곳의 동식물과 선주민들을 멸종으로 내몰고 아프리카 대륙으로부터 송두리째 끌고 온 사람들을 노예로 부리면서 부를 축적해온 WASP 말이다. 이러한 의미에서 미국 영어에는 타자를 뿌리째 뽑기 위해 거듭 폭력을 자행한 국가의 역사가 새겨져 있다. 뿌리째 뽑기 혹은 근절이라는, 폭력을 표상하는 단어의 어간에는 root라는 개념이 들어 있다. '뿌리째 뽑다'는 'uproot', '근절'은 'root out'이니 말이다. 공민권운동 때 많은 마이너리티들이 스스로의 뿌리찾기운동을 벌인 것은 모두 아는 사실이다. 아프리카계 미국인 가족이 본인들의 뿌리를 찾는 〈뿌리Roots〉(1977년–옮긴이)라는 TV 드라마가 큰 인기를 얻은 것은 지금도 많은 사람들이 잘 기억하고 있다.

그러나 한번 송두리째 뽑힌 뿌리는 결코 되돌릴 수 없다. 이러한 불가능성에 대해서는 애써 의식하지 않은 채 대안으로 도출한 것이 자신의 뿌리가 되는 지역의 언어, 문화, 종교, 생활습관으로 회귀하고자 하는 욕망이었으며, 그곳에서 '아이덴티티'라는 것을 발견하고자 하는 시도였다. 하지만 대안으로서 욕망의 대상을 발견하는 순간, 송두리째 뽑혀 멸종되었을 때 자행되었던 폭력의 기억은 망각되고 만다. 억압당한 사람들에게는 이 폭력의 기억만이 진정한 뿌리임에도 불구하고.

폭력의 기억을 지우는 '아이덴티티'의 개념

에릭슨의 '아이덴티티' 개념이 쓰이기 시작했을 때의 미국 사회는 매카시즘McCarthyism의 광풍이 불어닥친 후였다는 사실도 짚고 넘어가야 한다. 자본가와 노동자 간의 계급투쟁을 통해 현실을 인식하고자 했던 담론이 미국 사회에서 뿌리 뽑힌 시기였다. 그러니 '아이덴티티'라는 개념은 계급이라는 개념의 사체 위에 성립되었다는 역사적 기억을 잊어서는 안 된다.

그리고 미국 사회에 매카시즘이 휘몰아치던 바로 그때, 팔레스타인 사람들이 살던 지역에 시오니즘운동의 결과 이스라엘이 미국과 영국의 지지를 등에 업고 '건국'되어 아랍 각국과 국지전을 펼친 1차 중동전쟁이 일어났다는 사실도 기억해야 한다. 이때부터 지금까지 중동의 위기는 계속되고 있고 새로이 20세기 후반형 전쟁이 시작되었다는 점 또한 함께 기억해야 한다.

수천 년 동안의 디아스포라, 즉 전쟁이라는 폭력으로 인해 고향을 떠날 수밖에 없었던 사람들의 기억과 현재진행형 전쟁으로 인한 홀로코스트의 기억을 미국과 영국이라는 두 대국이 이용하면서 중동을 거의 영구 분쟁 지역으로 만들어버린 것이다.

이렇듯 '아이덴티티'라는 개념은 뿌리째 뽑혀 멸종될 뻔했던 사람들의 역사가 복잡하게 중첩되면서 굴절된 그 자리에서 탄생한 것이다. 표면상 잘 드러나지는 않지만, 어떠한 개념에 깊이 연관된, 즉 그 개념의 의미의 핵심에 내재되어 있는 역사적 집합기억이 어떠한 방향으로 그 개념이 사용될지에 관한 운명을 결정한다.

'아이덴티티'라는 용어를 낳은 에릭슨은 공민권운동의 지도자인 마틴 루터 킹 목사가 멤피스에서 암살되던 이듬해인 1969년에 《간디의 진리Gandhi's Truth》로 퓰리처상을 수상했다. 이때 하나의 역사적 아이러니가 탄생하고 말았음을 우리들은 알아차려야 한다.

1964년 공민권법을 성사시킨 존슨 정권은 이듬해 북베트남 공습을 감행했다. 인종차별을 철폐한 '정의의 나라' 미국이 일으킨 베트남전쟁은 이윽고 수렁으로 빠져들었다. 1968년의 구정대공습과 평화교섭을 위한 파리회담 이후 인종차별 반대운동과 우드스탁 페스티벌로 상징되는 베트남 반전운동이 함께 고조되고 있던 바로 그 1969년이다. 그때 에릭슨은 마하트마 간디의 생애, 특히 '사티야그라하satyagraha(진리의 파악이라는 명칭의 비폭력 저항운동─옮긴이) 행진'으로 상징되는 비폭력주의 독립운동을 높이 평가하는 저작을 발표하고 퓰리처상을 받은 것이다.

간디의 운동은 영국에 유학하고 변호사 자격을 취득하여 영국 식민지주의 속에서 엘리트 지식인이 되는 것으로 시작되었다. 그렇게 상사商社의 고문변호사라는 디아스포라 지식인으로 남아프리카로 건너간 간디는 그곳에서 인도인에 대한 차별과 학대에 항의하는 글을 영어로 써서 영어권, 주로 종주국인 영국과 미국에 발표하며 문제를 '세계'화했다. 영어를 통한 언론 활동으로 인해 이후 간디의 운동이 '세계'의 주목을 끌게 되었다. 그리고 에릭슨의 저서 《간디의 진리》에서 묘사된 간디의 이미지가 세계 최대의 식민지제국의 지배를 비폭력적으로 종결시킨 식민지 지식인의 모델을 미국 영어권 내에 만들어냈다. 베트남 민족해방전선과 같은 '야만'적인 폭력이 아니라 철저한 비폭력주의로 영어권의 이성에 호소해 독립을 쟁취했다는 간디나 마틴 루터 킹의 이미지와 '베트콩'에 대한 인종차별주의적 시선이 서로 연관성이 없다고 단언할 수는 없다.

요컨대 '자유의 나라' 미국 사람들에게 통하는 말로 자기 지역의 인종차별과 인권파괴의 참상을 호소한다면 반드시 그 호소에 '세계'가 주목하여 문제가 해결될 날이 오리라는 환상이 시작되고만 것이다.

식민지에서 피지배자였던 간디가 식민지 종주국의 언어인 영어를 구사하는 주체가 되어야만 식민지의 비참한 상황을 표현할 수 있었다는 아이러니. 그리고 노예의 자손인 마틴 루터 킹도 역시 자신들의 주인의 언어의 주체가 되지 않는 한 공민권운동을 할 수 없었다는 아이러니. 바로 이러한 아이러니에 차별과 언어 시스템의 가장 근원적 문제가 존재한다. 미국의 일방적 군사 공격을 당한 아프가니스탄이나 이라크 사람들이 미국 영어로 자기주장을 하고 문제를 고발할 가능성이 과연 몇 퍼센트나 될까.

02

언어와 차별

아이들의 언어 습득 과정과 차별

더러움과 차별

1부에서 언어를 구사하는 생물인 인간이 '인종차별주의(레이시즘)' 적 담론 때문에 다시 공격하거나 아니면 도망가야 한다는 동물적 양자택일에 빠지게 되는 문제를 검토했다. 그 결과 오히려 반대로, '인종차별주의'는 근본적으로 언어 시스템을 어떻게 사용하는지에 따라 발생한다는 것이 명백해졌다. 즉 '인종차별주의'를 구성하고 있는 공격과 공포, 폭력과 죄책감의 문제는 언어를 구사하는 생물인 인간의 언어 습득 및 그 사용 방법과 깊이 연관되어 있다는 뜻이다.

예를 들어 '문명'과 '야만'이라는 도식 아래 대부분 '야만' 측이 그 '불결함' 때문에 차별당한다. 전형적인 예로 인도의 카스트제도에서 불가촉민이 불결한 존재라는 이유로 철저한 차별의 대상

이 되는 경우를 들 수 있다. 그리고 불가촉민의 직업이 동물의 가죽을 벗기는 일이나 분뇨 처리, 도로 청소 등이기 때문에 그들에 대한 차별은 직업적 차별과 연동되어 직업 자체 또한 불결하게 여겨진다. 일본에서는 남북조南北朝 시대(일본에서 황실이 남북 두 곳으로 분열된 시기를 뜻하며 1336년부터 1392년까지다—옮긴이) 이후 피차별민에게 '에타穢多'라는 표현을 쓰기 시작했다. '에타'라는 표현 역시 '불결함'(더럽다/불결하다는 뜻을 가진 일본어 기타나이きたない는 '汚い'와 '穢い' 두 가지 한자를 쓸 수 있다—옮긴이)이라는 단어와 이에 수반되는 감정, 기분이 그들에 대한 차별과 떼려야 뗄 수 없는 관계임을 보여준다.

아마 전 세계 어디서든 아이들끼리 누군가를 차별하거나 따돌릴 때 가장 많이 쓰는 말은 "더러워!" 혹은 그 징후인 "냄새나!"일 것이다. 왜 "더러워!", "냄새나!"라는 말이 차별이 시작하는 지점에서 등장할까. 그것은 "더러워!", "냄새나!"라는 말을 상대방에게 내뱉음으로써 그 상대방을 공동성의 바깥으로 배제할 수 있기 때문이다.

그렇다면 "더러워!", "냄새나!"라는 말로 차별이 시작된다는 것을 설명할 수 있는 원리를 생각해보자.

우선 문화인류학적 혹은 민속학적 설명 원리를 도입해보자. "더러워!", "냄새나!"라는 말은 그 말을 듣는 상대가 불결한 존재임을 나타낸다. 불결하다는 것은 공동체에서 금기시되는 것을 건드렸거나 금기를 범했기 때문에 그 사람은 죄로 더럽혀졌음을 뜻한다.

또한 불결하다는 것은 그 공동체가 사용하는 언어체계 속에서 "해서는 안 되는 것"인 금기를 건드렸거나 범했기 때문에 그 불결함을 씻어내지 않는 한 공동체의 일원으로 복귀할 수 없다는 말이기도 하다. 물론 여기서 말하는 금기란 그 공동체가 형성되어 있는 사회의 종교적 금기이자 법적 금기다.

언어체계는 항상 종교적·법적 체계와 밀접히 연관되어 있다. 따라서 "더러워!", "냄새나!"와 같이 아이들이 사용하는 일상용어 속에도 그 아이들의 언어체계에 영향을 끼치는 종교적·법적 규범이 포함되어 있다. 그렇기 때문에 "더러워!", "냄새나!"라는 한 마디로 공동체적 사회로부터의 배제가 가능해진다.

이 문제에 프로이트적 인간의 언어 습득 과정 규범을 적용시켜 생각해보자. "더러워!", "냄새나!"는 프로이트의 발달 단계에 따르자면 항문기에 해당하는 아이들이 가장 민감하게 반응하는 말이다. 그리고 구강기(=구애기, 구순기)까지는 없다가 항문기에 생긴, 어머니를 비롯한 주위 어른들과 갈등을 불러일으키는 말이기도 하다.* 항문기 아이들에게 가장 큰 문제는 스스로 대소변을 가리는 훈련단계를 통과할 수 있는지 여부다. 이 시기에 부모를 비롯한 주위 어른들에게 배설물에 관련해 "더러워!", "냄새나!"라는 말

---

* [옮긴이주] 프로이트는 유아기와 유년기에 벌어진 사건이 사람의 평생을 좌우한다고 하며 심리성적 발달 단계psychosexual developmental stage를 다음과 같이 나누었다. 그 단계는 구강기(구순기, 구애기라고도 하며 입으로부터 쾌감을 얻는 시기, 0~2세), 항문기(항문으로부터 쾌감을 얻는 시기, 2~4세), 남근기(남성의 성기에 관심을 갖는 시기, 4~6세), 잠복기(쾌락보다 현실원칙을 따르며 사회, 도덕적 자아를 형성하는 시기, 6~12세), 그리고 12세 이후의 성욕기로 구분된다.

을 집중적으로 듣는다. 이 과정에서 "더러워!", "냄새나!"라는 말은 언어 습득기의 아이들에게 결정적인 정신적 외상(트라우마)을 심어주게 된다.

자애의 목소리와 질책의 목소리

이 문제를 풀기 위해 프로이트 이론에 근거해 구강기에서 항문기에 이르는 아이들(왜냐하면 이 과정은 우리들 모두가 통과해왔으니까)의 언어 습득과 배변 훈련과의 관계에 대해 정리해보자.

구강기는 태어나서 18개월까지를 말한다. 이때 아이들과 말과의 관계는 크게 세 단계로 나눌 수 있다.

우선 제1단계는 생후 6개월 정도까지의 시기다. 아이들은 배가 고프거나 기저귀에 배뇨, 배변을 해서 엉덩이에 불쾌감을 느낄 때 "응애~"라고 울면서 주위 어른들에게 자신의 위기를 알린다. 주위 어른들이 아이들을 보살피지 않으면 아이들은 불쾌감에 근거한 불안감으로 더 크게 울게 된다.

주위 어른들이 아이들의 "응애~" 소리에 답하며 "오냐~", "착하네~", "괜찮아"라는 자애로운 말을 건네면서 젖을 물리거나 엉덩이를 깨끗이 닦아주고 기저귀를 갈아주면 아이들은 안심하고 점점 기분이 좋아지면서 편히 잠든다. 주위 어른들은 아이를 보살피는 이 전체 과정에서 아이들의 신체에 가까이 접촉하게 된다.

이 또한 아이를 안심시키는 중요한 요인이다. 이것이 프로이트가 말하는 '쾌감원칙'의 제1단계다.

생후 6개월까지의 아이들은 스스로의 신체를 수동적으로만 통합한다. 하지만 6개월 이후 몸을 뒤집고 기어 다니게 되면서 상황은 크게 바뀐다. 여기서부터가 제2단계다. 6개월까지는 주위 어른들이 아이들에게 자애롭고 상냥한 말만 건네지만, 아이들이 스스로 움직이기 시작하면서 위험한 것을 입으로 가져가면 바로 "하지 마!", "안 돼!" 등 창으로 찌르는 듯한 날카로운 목소리로 금지와 질책의 말을 내뱉게 된다. 구강기의 아이들은 구순, 구강을 중심으로 하는 기관을 통해 세계와 접촉하므로(어머니의 젖, 젖꼭지를 입술, 잇몸으로 접함으로써 불쾌감을 쾌락으로 전환시키기 때문에) 눈에 보이는 모든 대상을 입으로 가져가 확인하려고 하기 때문이다.

주위 어른들이 창으로 찌르는 듯 날카롭게 내뱉는 목소리로 아이들을 위협하면 아이들은 어쨌든 바로 그 순간 하려고 했던 행동을 멈춘다. 이것이 아이들이 어른들에게서 "해서는 안 되는 것"을 알게 되는 초기 단계다. 본인이 속한 사회에서 "해서는 안 되는 것", 즉 금기 사항이 창으로 찌르는 듯한 날카로운 목소리와 더불어 아이들에게 제시된다. 그러나 이 단계에서 아이들은 말의 뜻을 이해하지 못한다. 여태껏 들어본 적이 없는 창으로 찌르는 듯한 날카롭고 큰 목소리에 겁을 먹고 조건반사적으로 하려던 것을 멈출 뿐이다.

생후 6개월에서 12개월 정도까지는 이러한 상황이 계속 반복된다. 그러다가 신체의 능동적 통합에 의해 아이들이 스스로 신체를 움직일 수 있게 되면서 수유에서 이유식으로 바뀐다. 이 변화가 아이들에게는 정신적으로 커다란 불안을 안겨준다. 왜냐하면 그때까지 불쾌감에서 벗어나 안심할 수 있었던, 가장 중요한 욕망의 대상이었던 어머니의 젖에서 떨어져야 하기 때문이다.

선악의 비대칭성

젖에서 떨어져야 한다는 불안과 욕구불만을 느끼고 있는 아이들에게 어른들의 금지의 목소리는 굉장히 커다란 억압으로 기억된다. 이렇듯 한 공동체 사회의 금기는 아이들 스스로가 언어를 습득하기 전의 단계부터 몸과 마음이 분화되지 않은 상태로 각인되어간다. 주위 어른들에게 금지당한 기억이 축적되면서 '해서는 안 되는 것'의 계보가 만들어진다. 물론 금지당하지 않은, 즉 '해도 되는 것'의 계보도 있겠지만 이 두 계보는 분명 너무나 비대칭적일 것이다. '해서는 안 되는 것'들이 훨씬 더 강렬하게 기억 속에 각인되므로 '해도 되는 것'은 그다지 남지 않기 때문이다.

바로 이런 점에서 누군가가 성장한 사람에게 그 누군가의 '해서는 안 되는 것' 혹은 '하고 싶지 않은 것'을 강제하는 것, 즉 양심의 자유를 짓밟는 것은 근원적인 인권침해다. 앞서 고찰했듯 몸과 마음, 언어 습득 과정, 그리고 양심은 서로 떼려야 뗄 수 없는 관계에 있기 때문이다.

생후 12개월이 지나 두 발로 걸을 수 있게 된 아이들은 언어를 습득하기 시작한다. 여기서부터가 제3단계다. 옹알이에서 시작해 분절된 음성을 제대로 발화할 수 있기까지의 과정을 거치며 아이들의 입술, 혀, 잇몸, 목 등 입을 중심으로 한 신체기관은 극적으로 바뀌어간다. "응애~"라고 울던 그때까지의 아기 울음소리는 낼 수 없게 되고 주위 어른들과의 관계도 극적으로 바뀌어간다.

12개월까지는 불쾌감을 느껴서 "응애~"라고 울면 주위 어른들이 그 불쾌감의 요인을 알아차리고는 적절히 돌봐줬지만 아이들이 말을 습득하기 시작하고 어느 정도 시간이 지나면 상황은 바뀐다. 어른들은 아이들이 어떻게 하고 싶은지, 즉 욕망을 말로 전달하지 않으면 더 이상 돌봐주지 않는다.

물론 언어 습득의 초기 단계에서는 아이들이 언어의 의미를 이해하고 발화發話하지는 않는다.

주위 어른들이 어느 특정한 음성을 발화할 때 아이들은 그 때의 컨텍스트 전체를 상세히 관찰한다. 그리고 관찰한 기억에 근거하여 자신도 똑같은 특정 음성을 발화해보다가 어른들에게 뜻이 전달되면 그 음성을 필사적으로 기억 속에 새겨 넣는다. 누구나 언어 습득의 초기 단계에서는 타자의 언어를 자신의 언어로 획득해나갈 수밖에 없다.

최근 신생아 연구 등을 통해 아이들의 언어 습득 능력은 대부분 유전자에 이미 들어가 있다고 밝혀졌지만 모든 아이들은 언어 습득의 초기 단계에서 상상을 초월할 정도의 집중력과 기억력으로 언어와 관계를 맺는다.

자신의 욕망을 언어화시켜 주위 어른들에게 전달할 수 있게 된 아이들은 주위 어른들이 타자임을 깨닫는다. "응애~"라고 울면 주위 어른들이 돌봐주고 그럼으로써 자신의 욕망을 채우는 구강기의 제1단계에서 제2단계까지의 아이들에게 어른들은 자신의 연장선으로서 다루기 쉬운 존재다. 이 시점까지는 자와 타가 분화되지 않은 관계다.

그러나 제2단계에 들어 아이들이 금지의 말을 듣기 시작하면서 어른과의 사이에 언어가 개입하게 된다. 그리고 그 언어의 양이 확대되는 만큼 아이들과 어른들의 자와 타도 점점 분화한다. 아이들이 자신의 욕망을 언어로 전달해야만 주위 어른들이 돌봐준다는 사실을 깨달았을 때 그들에게 언어는 살아남기 위해 반드시 필요한 생명줄이 된다. 이 시기 대부분의 아이들은 언어로 무언가를 전달하지 않으면 어른들이 아무것도 해주지 않을지도 모른다는 긴장감 속에서 산다. 그러면서 아이들은 자신의 요구가 어른들에게 거절당하는 것과 이전의 금지당했던 경험을 연관시킬 수 있게 된다.

언어 습득과 인과론

언어를 습득하기 시작하는 생후 12개월(한 살) 이후는 통상 유아기로 규정되어 인간의 기초적 발달이 이루어지는 시기로 일컬어진다. 그리고 직립 보행하는 인간의 신체적 운동의 기본은 생후 24개월(두 살)까지 갖춰진다. 즉 인간의 일상적 행동 대부분이 이 시기에 형성되는 것이다.

스스로 언어를 습득해가는 초기 단계 때 신체운동의 기본도 동시에 확립되기 때문에 일련의 신체운동이 언어와 결합된다. 비대칭적인 형태로 어머니를 비롯한 주위 어른들을 통해 알게 된 '해도 되는 것'과 '해서는 안 되는 것'의 구별은 아이들 자신의 기억으로 축적되고, 그 기억을 바탕삼아 스스로의 행동을 억제할 수 있게 된다. 이것이 프로이트가 말한 "쾌감원칙"에서 "현실원칙"으로의 이행이다.

한 살부터 두 살까지의 아이들은 어떠한 행동이 "안 돼!", "하지 마!"라는 말로 금지당하고 어떠한 행동이 허용되는지를 기준으로, 자신을 길러준 부모를 비롯한 주위 어른들이 이미 공유하고 있는 그 사회의 기준, 가치, 습관, 사고방식을 자신의 것으로 체득해나간다. 그리고 충분히 납득한 것에 대해서는 스스로의 기준으로 내재화(내면화)시켜 자신의 행동기준으로 삼는다. 부모를 비롯한 주위 어른들의 기준과 사고방식, 습관 등을 아이들 스스로가 내재화시킨 것을 프로이트는 "초超자아"라고 정의한다.

기본적 운동능력을 획득하고 자유롭게 움직일 수 있게 될수록 아이들의 독립성이 강화되기 때문에 이 시기에 '자아'가 싹트기 시작한다. 그때까지 어른들의 금지에 완전히 순종했던 아이들이 어른들의 간섭을 거절하면서 "싫어!"라는 말로 의사를 표시하기 시작하는 것도 두 살 때부터다. 아이들이 부모를 비롯한 주위 어른들로부터 자와 타를 분리시키는 계기가 "싫어!"라는 거절의 표현이다. 그리고 이 표현의 시작이 곧 '자아'의 시작으로서 개인이 형성되는 출발점이다.

부모를 비롯한 주위 어른들과 아이들의 관계에서 그때까지의 모든 금지는 이른바 문답이 필요 없는 일방적인 명령이었다. 아이들은 자신들이 하려 했던 그 행위에 대해 '왜' 해서는 안 되는지를 인식하지 않고 어른들의 말에 따르기만 했다.

하지만 아이들이 "싫어!"라고 거절을 표현하게 되면 점차 문답이 필요한 관계로 들어설 수밖에 없다. 물론 소리를 지르거나 무서운 표정을 지으면서 아이들을 위협하여 억지로 말을 듣게 할 수도 있다. 하지만 그렇게 하지 않을 때에는 아이들에게 명령의 이유, 즉 '왜' 그 행동을 하면 안 되는지를 설명해야 한다. 결과로서 부여된 금지의 이유, 다시 말해 원인을 언어화하는 것이다.

대체로 원인은 모든 인간의 언어 습득 단계에서 반드시 결과가 나온 후에 말을 통해 알게 된다. 이 비대칭성에 대해 충분히 인식해둘 필요가 있다. 논리적으로는 원인이 결과에 선행되어야 하지만 언어적으로는 원인이 결과의 사후에 드러난다. 이 시점으로부터 언어를 이용한 인과론적 사고, 즉 합리적 사고가 시작되는 것이다.

그때까지 원인도 모른 체 해야 했던 '해도 되는 것'과 '해서는 안 되는 것'의 비대칭적 구별이 '해서는 안 되는 것'에 대한 이유와 원인을 언어로 설명 들음으로써 마치 대칭적인 구별인 것처럼 언어적으로 자리 잡는다. 이러한 경험이 아이들의 기억과 인지를 한층 높여간다.

항문기의 위기

그러나 두 살 반부터 세 살 정도까지의 시기에 시작되는 배변 훈련과 기저귀를 떼는 훈련 과정에 이르면 아이들은 그때까지와는 전혀 다른 상황에 극적으로 절망하게 된다.

비록 두 살 반부터 세 살 정도까지의 경험이라 해도 아이들 입장에서 보면 인생의 모든 것, 경험의 모든 것이다. 아이들은 그야말로 생존을 걸고 '해도 되는 것'과 '해서는 안 되는 것'의 구별을 기억한다. 그리고 그 기억에 근거해 현실을 인지하고 부모를 비롯한 주위 어른들에게 혼나지 않도록, 무엇보다도 버림받지 않도록 필사적으로 헤쳐 나온 것이다. 이러한 필사적 노력을 어른들이 배변 훈련 때 갑자기 무효화시켜버린다.

그때까지 기저귀에 싸버리면 그만이었던 배변행위, 즉 '해도 되는 것'으로 기억하고 있던 기저귀에 싸는 행위가 갑자기 해서는 안 되는 행위로 바뀐다. 그때까지 "똥 많이 쌌네~"라든가 "기저귀 금방 갈아줄게"라는 자애로운 말과 함께 엉덩이를 부드럽게 닦아주며 웃는 얼굴로 불쾌감을 없애주던 부모를 비롯한 주위 어른들이 똥오줌을 제대로 못 가리자 갑자기 무서운 얼굴로 혼을 낸다.

게다가 그때까지는 기저귀에 싼 후에 알리기만 하면 됐는데 이제는 사전에, 즉 배설이 시작되기도 전에 알리지 않으면 어른들은 역시나 무서운 얼굴로 혼을 낸다. 조금이라도 늦게 알리면 눈물이 쏙 빠지게 혼나는 것은 물론 나올 것 같아 알렸는데 결국 나오지 않았을 경우에도 마찬가지로 혼이 난다.

이러한 배변 훈련 과정에서 대부분의 아이들은 부조리와 불합리함에 부딪친다. 불과 며칠 전까지만 해도 '해도 되는 것'이었던 행위가 돌연 '해서는 안 되는 것'으로 바뀌어버리기 때문이다. 이 시기 아이들의 경우 식욕, 성욕, 배설욕 등의 욕망이 미분화된 채 한데 뒤섞여 있다. 성욕과 관련된 하반신(엉덩이), 이와 관련된 배설욕에 대한 강한 억압은 욕망 전체에 대한 억압으로도 기능한다.

어제까지는 자신도 부모를 비롯한 주위 어른들로 구성되어 있는 인간 사회의 일원으로 인정받고 있다고 믿었다. 그런데 어느 날 아침 아이들은 그때까지 '해도 되는 것'이었던 행위를 했을 뿐인데, 어른들은 갑자기 이 세상에 이보다 나쁜 행위는 없다는 듯 서슬 퍼런 얼굴로 아이들을 혼낸다.

이러한 부조리와 불합리함의 수렁에서 허우적거리는 아이들에게 비수처럼 와서 꽂히는 말이 "더러워!"와 "냄새나!"이다. 아이들 입장에서 보면 이 말들은 그때까지 부모를 비롯한 주위 어른들과 함께 같은 인간으로서 구축해온 공동성으로부터 배제되고 마는 듯한 공포와 욕망 전체를 억압하는 명령을 수반한다.

그러나 두 살 반에서 세 살 정도의 아이들도 "더러워!"와 "냄새나!"가 갑자기 똥오줌을 아무데나 싸면 안 된다고 금지하는 이유와 원인이 되지 않는다는 사실은 잘 알고 있다. 왜냐하면 배변을 가리지 못했다고 해서 어른들이 도깨비 같은 얼굴로 화를 내고 또 오늘의 똥오줌이 "더러워!"와 "냄새나!"라는 말을 들을 만한 것이라면, 한 달 전, 아니 1년 전의 똥오줌도 역시 "더러워!"와 "냄새나!"라는 말을 들었어야 한다는 것을 아이들도 알기 때문이다. 이때 인간은 부조리와 불합리함에 직면하게 된다.

"더러워!"와 "냄새나!"의 공격성

배변 훈련이 끝날 때까지 아이들은 배설물의 냄새를 불쾌한 혐오의 대상으로 인식하지 못하는 경우가 많다. 그러나 그 냄새가 "냄새나!"라는 한마디로 표현되는 순간, 기피해야 할 냄새가 되고 만다.

대부분의 인간 사회에서 배설행위와 배설물은 불결하다는 이유로 배제의 대상이 된다는 사실은 이미 누구나 알고 있다. 시체나 생리 등도 마찬가지로 불결한 영역에 포함되는 경우가 많다.

배변 훈련 중인 아이들의 입장이 되어보면 쉽게 알 수 있겠지만 이 시기 아이들의 모든 관심은 배변행위에 집중되어 있다. 왜냐하면 그때까지 사후에 알리면 되었던 것이 사전에, 게다가 정확하게 알려야 하는 것으로 바뀌었기 때문이다. 이를테면 이 시기 아이들은 온종일 계속 똥이 나올 것 같은지 오줌이 나올 것 같은지를 판단하기 위해 자신의 항문과 방광의 근육의 강도를 계속 재고 있어야 한다.

당연히 여자 아이들과 남자 아이들은 배설 처리 방법이 다르다. 이 시기부터 아이들은 성별차에 대한 의식, 특히 문화적 성별차 즉 젠더 문제에도 직면하게 된다.

그리고 배설 장소는 평소의 생활 장소와 구별되어 있기 때문에 생활공간의 청결과 불결에 의한 의미론적 분절화도 시작된다.

즉 "더러워!"와 "냄새나!"라는 말은 단순히 배설과 배설물에 관련된 표현에 그치지 않는다. 그 말을 사용하는 사람들 사이에 존재하는 사회적 기준, 종교적 가치관, 성별차의 문화적 기준, 배설행위 관련 습관, 청결과 불결의 공간 분류, 그리고 배설을 둘러싼 각종 논리 등 지극히 복합적인 사회 규범의 그물망 역할을 수행한다.

"더러워!"와 "냄새나!"라는 말을 들은 아이들은, 일차적으로는 부모를 비롯한 주위 어른들로 인해 어른들의 사회에서 배제되고 버림받을지도 모른다는 공포와 불안감을 조장하는, 강렬한 긴장과 억압을 불러일으키는 말로 기억하기 마련이다.

두 번째로 "더러워!"와 "냄새나!"라는 말을 들으면서도 배설 타이밍을 자꾸 놓쳐 불쾌한 경험을 거듭하는 아이들에게 이 말은 극심한 욕구불만=프러스트레이션frustration을 불러일으키는 계기가 된다.

따라서 세 번째, 욕구불만=프러스트레이션이 인간 공격성의 가장 중요한 원인이기 때문에 아이들이 타자에게 "더러워!", "냄새나!"라는 말을 내뱉었다면 그 말에는 분명 공격성이 포함되었다고 볼 수 있다.

프로이트는 공격성을 죽음의 본능(타나노스Thanatos)의 표현으로 해석했다. 그렇지만 유아기 특히 항문기의 욕구불만=프러스트레이션과 "더러워!", "냄새나!"라는 요소가 서로 깊이 연관되면서 차별의 출발점이 된다는 사실을 확인했다. 그리고 "더러워!", "냄새나!"라는 말은 당연히 그 말이 사용되는 사회의 공동성 속에 청결⇔불결, 성스러움⇔불결함이라는 이항대립을 내포하기 때문에 종교적 가치관과 사생관과도 깊이 연관된다. 따라서 이러한 말을 내뱉는 행위는 공동성으로부터 타자를 배제한다는 상징적 의미를 가지게 된다.

반대로 아이들의 입장에서는 어른들에게 "더러워!", "냄새나!"라는 말을 들었을 때 사회적 공동성으로부터 배제될지도 모른다는, 생사와 관련된 공포와 긴장, 억압을 느낄 수밖에 없는 경험을 했기 때문에 그 말이 지닌 공격성을 일찍부터 내면화시켰다고 볼 수 있다.

"왜?"라는 근원적 질문

생사와 관련된 "왜?"라는 의문을 인간이 스스로 품게 되는 것은 항문기 이후다. 항문기 아이들은 배변 훈련을 통해 갑자기 '해도 되는 것'이었던 똥오줌 싸기가 '해서는 안 되는 것'으로 180도 바뀌기 때문에 행여 다른 '해도 되는 것'도 언젠가 '해서는 안 되는 것'이 될지도 모른다는 근원적 공포를 느끼게 된다. 그래서 두 살 반까지의 모든 인생을 걸고 습득해온 '해도 되는 것'과 '해서는 안 되는 것'에 대한 경험의 집성체가 한꺼번에 무너져내리는 듯한 공황상태에 빠지는 것이다.

결과에는 원인이 있다는 사실을 나중에 깨달은 아이들은 모든 사항에 대해 주위 어른들에게 "왜?"라고 물으며 '해도 되는 것'과 '해서는 안 되는 것'의 기준을 언어를 통해 알아내려고 한다. 이러한 언어 습득 과정과 관련시켜보면 문제의 소재가 명백해진다.

"왜?"라는 질문을 하기 전부터 아이들은 자신이 속해 있는 1차집단의 언어 시스템 속에 들어가 있다. 1차집단의 일원으로 인정받기 위해 어른들에게 강요당하는 '해도 되는 것'과 '해서는 안 되는 것'의 기준을 묻지도 못한 채 받아들여야만 한다. 묻지도 못한다는 말은 "왜?"라고 질문하지 않는다는 뜻이며 결국은 믿는다는 말이다.

게다가 앞서 말했듯이 아이들의 경험상 긍정적 가치인 '해도 되는 것'과 부정적 가치인 '해서는 안 되는 것'은 항상 비대칭적이다. '해서는 안 되는 것'만이 큰 소리로 명시되고 '해도 되는 것'은 특별한 경우가 아닌 한 언어화되지 않는다. 아이들은 '해서는 안 되는 것'을 해서 큰 소리로 혼났을 때 1차집단에서 배제될지도 모른다는 두려움에 떨고 혐오감을 갖게 됨으로써 다시는 그 행위를 하지 않는 방향으로 유도된다. 여기서 선행하는 것은 '공포'라는 감정, 즉 '이미지'다.

뇌과학 분야의 최근 연구 성과로 '공포'라는 감정 그리고 이와 표리일체인 '분노'라는 감정은 대뇌 안쪽에 있는 변록계라고 불리는 곳에서 나온다는 것이 밝혀졌다.

변록계는 뇌를 가진 모든 동물에게 존재한다. 이들은 자신을 위협하는 타자에게 폭력으로 이길 수 있다고 판단될 때에는 '분노'가 강해져서 싸움을 선택하지만, 질 것 같을 때에는 '공포'가 강해져서 도망을 선택한다. 즉 '공포'와 '분노'란 대뇌피질을 통해 언어적 인식과 판단이 이루어지기 전의 감정인 것이다.

가치평가의 가장 근간에 자리 잡고 있는 언어 시스템 내의 '선과 악'이라는 이항대립은, '악'만이 명시적으로 게다가 '공포'와 '혐오'가 수반되는 방식으로 아이들의 기억 속에 새겨진다.

"왜?"라는 질문이 불가능한 상태에서 발생하는 '선과 악'의 이항대립 속에서, '악' 즉 '해서는 안 되는 것'에 대한 기억을 '공포'라는 감정이 자극할 때, 바로 '공포'라는 감정의 총체가 드러나고 만다.

이때 "왜?"라는 질문이 구성하는, 원인과 결과를 언어로 연결시키는 개념화와 논리화라는 계기는 사라진다.

언어 시스템과 차별의 메커니즘

숨겨진 메커니즘

다시 한 번 차별의 문제를 언어 시스템과의 관계로 재검토해보자. 르네 지라르René Girard(1923~, 프랑스 출신의 문예비평가—옮긴이)는 《폭력과 성스러움》에서 차별 현상을 폭력과 배제의 메커니즘으로 설명했다. 지라르 이론의 핵심은 한 공동체 내에서 구성원이 서로 폭력을 행사하는 상황(카오스)을 피하기 위해 특정 개인 혹은 집단을 자의적으로 선택하여 그곳에 폭력을 집중시킴으로써 공동체 전체를 안정시킬 수 있다고 설명한 이른바 "희생양 이론"이다.

《구약성서》〈레위기〉에서는 사람들의 죄를 뒤집어씌운 산양을 사막에 풀어둠으로써 속죄하려 했다는 고사가 있는데, 지라르는 바로 이 고사를 이용해 차별의 메커니즘을 설명하고자 한 것이다.

아카사카 노리오赤坂憲雄는 이러한 르네 지라르의 이론을 일본 학교의 '왕따' 메커니즘에 응용했다(《(신편) 배제의 현상학新編 排除の現象学》, 筑摩書房, 1991). 근대 학교교육에서 균질적이기를 강요당한 아이들은 "차이의 소멸"이라는 위기상황에 처한다는 현상인식에서 출발한 논의다.

차이의 소멸. 이 질서가 위기를 맞을 때 한 가지 숨겨져 있던 메커니즘이 작동하기 시작한다. 만장일치의 폭력, 공의供犧(신에게 제물을 바치며 행하는 의례-옮긴이). 다들 비슷비슷한 분신分身이 되어버린 구성원들 사이에서 대체로 이렇다 할 것 없는 징후에 근거하여 하나의 희생양이 선택된다. 분신 상호간에 오고가던 악의와 폭력은 순식간에 그 불행한 희생양으로 수렴되어간다. 이리하여 만장일치로 모인 의지에 근거해 공의가 성립된다. 집단은 공의를 계기로 새로운 차이의 체계를 재편해 나감으로써 위기를 교묘하게 피한다(49쪽).

유럽 사회의 유대인 차별, 특히 나치스 독일의 홀로코스트에 이르는 과정을 이러한 "희생양 이론"으로 설명하고자 했던 시도는 많다. 하지만 문제는 도대체 어떻게 해서 "숨겨져 있던 메커니즘이 작동하기 시작"해버리는가다.

포섭과 배제

작동의 계기는 어느 특정 개인 내지 공동체 구성원 내에서 발견된 "대체로 이렇다 할 것 없는 징후"를 그 공동체 구성원들이 공유할 때 생긴다. 여기에 언어적 현상으로서 차별의 문제가 존재한다. 그 "징후"는 "더러워!"든 "냄새나!"든 그 공동체 구성원 전체와는 다른 특질이 어느 특정 개인 내지 구성원 내에서 발견되었을 때 등장한다. 그때 그 다른 특질을 지니지 않은 자가 우선 "우리들"이라는 범주로 포섭된다.

따라서 "징후"가 발견된 특정 개인이나 구성원에 대해, 공동체의 나머지 구성원들은 그 "징후"를 언어화한다. 그리고 "우리들"에게는 없는 그 특질(징후)이 '저 녀석' 들에게는 있다고 하며 그 언어화된 "징후"를 공유함으로써 "우리들"과 '저 녀석' 을 차별하게 된다.

이 언어적 포섭과 배제의 과정에서 "우리들"의 범주화를 꾀하는 사람들은 '저 녀석' 에게서 발견된 특이성이 결정적이자 변하지 않는 본질적인 것임을 밝혀내야 한다. 만일 '저 녀석' 의 특이성이 변할 수 있는 것이라 언젠가는 "우리들"과 같아질 수도 있다면 배제의 이유가 되지 않기 때문이다.

그러나 "징후"는 무엇이든 상관없다. 왜냐하면 포섭과 배제에 이유는 없기 때문이다. 아니, 이유를 생각하는 순간 '저 녀석' 의 특이성이 "이렇다 할 것 없"다는 점을 누구나 알아차리기 때문이다.

인종
차별주의

요컨대 언어로써 특이성을 찾아내야 했음에도 불구하고 찾아내는 순간 인과론적 사고는 정지되고 만다.

사고가 정지되기 때문에 '메커니즘'으로 자동화되어버린다. 그렇다면 사고는 어떻게 그리고 어디서부터 정지된 것일까.

앞선 인용에서 아카사카 노리오도 지적했듯이, 한 공동체의 구성원 가운데 한 사람을 골라 그 사람에게 폭력을 집중시키는 "공의"는 술래잡기 같은 아이들의 놀이 속에서 모방적으로 반복되면서 사회 전체에 계승된다. 가위바위보로 술래를 정하는 초기 단계의 과정에서 묻고 따질 필요도 없는 승부를 통해 마지막에 진 사람이 술래가 된다. 가위를 낼까 바위를 낼까 보를 낼까 이 우발적 선택의 조합에 의해 누가 술래가 될지 정해진다. 따라서 이 초기 단계는 관계성으로 보자면 대등, 평등하다. 그러나 최종 단계까지 가서 마지막에 진 사람이 정해지면 비로소 그 술래가 '저 녀석'으로서 집단으로부터 배제된다.

"업신여김"과 "타자화"

르네 지라르를 거쳐 아카사카 노리오에 이르는 "희생양 이론"에 대해 사토 유타카佐藤裕가 중요한 비판을 했다(《차별론—편견이론비판差別論—偏見理論批判》, 明石書店, 2005). 사토 유타카의 차별론의 요점은 밑의 〈그림 1〉 차별행위의 삼자관계 모델이다. 즉 "차별자"가

"피차별자"를 "업신여"기고 "타자화"함과 동시에 "공범자"에게는 이 "업신여김"과 "타자화"를 공유하도록 "동화"를 요구한다는 언어적 커뮤니케이션의 과정으로 차별행위를 생각해야 한다는 것이 사토의 주장이다.

〈그림 1〉 차별행위의 삼자관계 모델

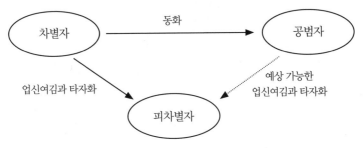

* 출처: 사토 유타카佐藤裕, 《차별론─편견이론비판差別論─偏見理論批判》, 67쪽.

〈그림 2〉 집단괴롭힘(왕따)의 생성, 갱신 프로세스

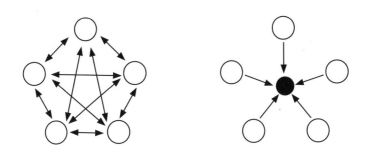

* 출처: 아카사카 노리오赤坂憲雄, 《(신편) 배제의 현상학新編 排除の現象学》, 51쪽.

이러한 논리에 근거하여 사토는 아카사카의 "희생양 이론"을 위 〈그림 2〉와 같이 제시하고 다음과 같이 비판했다.

아카사카의 그림이 '상태'를 보여준다면 나의 그림은 '행위'를 보여주는 것으로, 배제라는 집단적 행위가 성립되는 구조를 설명하기 위한 모델이라는 점에서 다릅니다. 아카사카의 그림도 전체적으로는 "프로세스"를 설명하긴 합니다. 하지만 단순히 '상태'가 교대로 나타난다는 것을 보여주는 것에 지나지 않으며 "차이의 소멸" 상태에서 어떻게 "만장일치의 폭력" 상태로 이행하는지를 설명하지는 못합니다.

"만장일치의 폭력" 상태는 분명 강한 구속력을 수반한 구조를 가진 '상태'일지도 모릅니다. 그리고 표면에 드러난 것은 "희생양"에 대한 폭력뿐일지도 모릅니다. 그러나 반드시 그 '구조'는 괴롭히는 아이들 간의 끊임없는 커뮤니케이션에 의해 유지, 재생산되고 있을 것입니다. 나의 그림에서 "차별자"와 "공범자" 사이에 삽입된 '가로 화살표'는 바로 그 커뮤니케이션에 주목해야 한다는 의미입니다.

실은 아카사카도 이 부분이 분명히 '인식되었을' 것입니다. 그럼에도 불구하고 그것을 일부러 '인식하지 않으려 한다'라고 여겨집니다 (122~123쪽).

사토가 명백한 차별행위인 "업신여김"과 "타자화"보다 더 중시한 것은 "차별자"와 "공범자" 사이의 "동화"의 과정이다.

"차별자"와 "공범자" 사이의 "끊임없는 커뮤니케이션", 서로를

"동화"시키는 언어적 커뮤니케이션 속에서 "피차별자"에 대한 "업신여김"과 "타자화"의 "구조"가 "유지, 재생산"된다는 주장이다.

사토 차별론의 특징은 "업신여김"과 "타자화"에 근거한 차별을 "이해관계주도형 차별"로, "동화"를 의도한 차별을 "동화주도형 차별"로 구분하여 사고하려는 점에 있다.

나아가 "동화주도형 차별"은 "특정한 사람과의 관계를 유지하거나 보다 친밀히 하여 유대관계를 강화하기도 하"는 "관계지향적 동화"와 "어떤 규칙을 강요하거나 주장을 정당화시키"는 "규범지향적 동화" 두 가지로 또다시 분류된다.

"편견이론비판"

사토가 사용하는 "동화"라는 개념은 기본적으로는 사회학적 개념으로 생각할 수 있다. 그렇다면 한 인간이, 제일 먼저 소속하게 되는 가족이나 동료집단 등 1차집단이 이미 공유하고 있는 태도나 감정, 사회적 규범을 습득하여 1차집단이 보유하고 있는 경험과 전통을 공유하기에 이르는 무의식적인 사회화 과정을 "동화"라 볼 수 있다.

따라서 사토의 "동화" 과정은 인간의 언어 습득 과정과 밀접히 연관되어 있다는 점을 쉽게 이해할 수 있을 것이다.

이 점은 사토의 차별론에 "편견이론비판"이라는 부제가 붙어 있는 것과도 밀접한 연관이 있다. 사토는 한 사안에 대한 부정적 감정이나 가치판단이 공격과 기피라는 차별행위의 주요 원인은 아니라고 생각한다.

> …… 적어도 동화주도형 차별행위에서 편견은 차별행위의 주요 원인이 아닙니다. 그리고 (본래 편견과는 상관없이) 차별행위에 가담해버린 사람은 차별로 여겨질 수 있는 언행으로 스스로를 정당화하려 한다고 생각할 수 있습니다. 즉 편견에 의해 차별행위가 일어나는 것이 아니라 차별행위를 함으로써 편견이 형성된다는 말입니다(사토 유타카佐藤 裕, 《차별론—편견이론비판差別論—偏見理論批判》, 144쪽).

여기서 중요한 것은 차별이라 의식하지 못한 채 "차별행위에 가담해버린 사람", 혹은 "차별자"로 인해 "공범자"로 "동화"되어버린 사람이 스스로의 "공범" 관계를 어렴풋이 알아차리고, "공범자"로서 죄책감을 느껴야 할 행위라는 것 또한 역시 어느 정도 알아차린 단계에서 자기정당화를 위해 "편견"을 형성한다는, 원인과 결과의 관계다. 이러한 원인과 결과의 뒤바뀜은 앞서 말한 언어 습득 과정의 '해도 되는 것'과 '해서는 안 되는 것'의 구별에서 결과가 나온 후에 원인을 알게 된다는 문제영역과 맞닿아 있다.

이러한 "편견이론비판"에서 가장 중요한 역할을 맡는 것이 "언어"다.

편견이 차별행위의 (주요) 원인이 아니라고 한다면 무엇을 (구조적인) 원인이라 하면 될까요. 이 문제는 상당히 어렵습니다만 차별의 해소와 감소라는 실천적 문제의식에 의미를 가지는 범위 내에서 답한다면 나는 '언어' 라고 생각합니다.

여기서 말하는 '언어' 란 일본어, 영어와 같은 어휘와 문법 체계로서의 언어가 아니라 보다 국지적으로(좁은 범위에서) 공유되는 의미 체계를 포함한 '언어' 입니다. 하나의 사회적 카테고리를 보여주는 언어가 부정적 성질이나 타자성의 '기호' 로 공유되는 상태, 혹은 그 언어를 포함한 관용어구가 배제의 효과를 가진다는 것이 용납되는 상태가 바로 '언어' 의 문제입니다(사토 유타카佐藤裕,《차별론─편견이론비판差別論─偏見理論批判》, 144~145쪽).

중요한 것은 "배제의 효과를 가진다는 것이 용납"된다는 점이다. 앞서 말한 "더러워!", "냄새나!"라는 말을 사용하는 사람 스스로가 "배제"당할지도 모른다는 공포를 느낀 경험이 있기 때문에 이 말이 "배제의 효과를 가"지고 "용납"된다는 사실을 다시 한 번 상기할 필요가 있다. 본인의 경험과 자신이 소속된 1차집단이 공유하고 있는 언어 시스템을 결합시킴으로써 아이들은 "공범"관계 속으로 들어간다.

"우리들"의 카테고리화

여기서 사토가 말한 "언어"가 "보다 국지적으로(좁은 범위에서) 공유되는 의미 체계를 포함한 '언어'"로 정의되어 있다는 점에 주의해야 한다.

차별행위는 인간이 언어를 습득하는 1차집단에서 이미 공유되고 있는 언어의 "의미체계" 속에서 "부정적인 성질이나 타자성의 '기호'로 공유되는 상태"를 전제로 행해진다. 그리고 이 "부정적인 성질이나 타자성의 '기호'"가 특정 개인 혹은 집단에게 사용됨으로써 "배제의 효과를 가진다"는 것이 그 집단의 공통적 "양해" 사항이 된다.

사토에 의하면 "타자화"는 "타자의 카테고리화가 아니라 타자라는 기호를 공유하는 "우리들"의 카테고리화"이며 "배제에서 말하는 카테고리화란 배제하는 쪽(= "우리들")의 카테고리화"다.

따라서 "'동화'와 '타자화'는 반드시 동시에 이루어지"는 것으로 한 사람을 "동화"시켜서 "우리들"이라는 관계를 만들어냄으로써 비로소 누군가를 "타자화"할 수 있게 된다. 여기에 "배제"라는 차별행위의 근간에 관련되는 문제로 "비대칭성"의 문제가 나타난다.

이 비대칭성은 '배제'라는 행위 그 자체에 처음부터 존재하는 것이 아닐까요. 배제되는 쪽이 '유징有徵'*임은 배제되는 쪽, 즉 '객체'이기 때문입니다. 그리고 '배제하는 쪽'이 '무징無徵'임은 배제라는 행위의 '주체'이자 '배제되는 쪽'을 인식하는 '주체'이기 때문입니다. 바로 이 '주체/객체'라는 관계가 차별자와 피차별자의 비대칭성을 초래하지 않을까요. '주체'와 '객체'는 어디에선가 뒤바뀐 것이 아니라 배제라는 행위 그 자체에 존재하는 관계입니다(사토 유타카佐藤裕, 《차별론─편견이론비판差別論─偏見理論批判》, 113~114쪽).

즉 "배제"에 의한 차별행위의 "주체"가 "동화"를 통해 만들어진 "우리들"이며 "타자화"된 "객체"가 차별의 대상이 된다. 통상의 언어체계로 이것을 파악하기 어려운 이유는 언뜻 보기에 객관적인 듯한 이항대립적 카테고리의 짝관계에 현혹되기 때문이다.

예를 들어 여성차별에서 기능하는 것은 '남성'과 '여성'이라는 이항대립적 카테고리의 짝이 아니라 "우리들"과 타자로서의 '여성'이라는 조합이다. 그런데 대부분 전자로 생각하기 때문에 파악하기 힘든 것이다.

---

* [옮긴이주] 음성, 문법, 어휘가 가지는 성질의 하나. 복수의 언어단위가 같은 혹은 같은 종류의 사물을 표현할 때 어떠한 특징을 적극적으로 표현하는 것. 형태적으로는 접사가 붙거나 의미가 한정되는 등의 특징을 지닌다. 예를 들어 lion과 lioness 중에는 전자인 lion이 암수 양쪽의 사자를 다 뜻하는 반면, 후자인 lioness는 암사자만을 뜻하기 때문에 "유징"이라 할 수 있으며, drake와 duck 중에는 전자인 drake가 암거위에 한정되어 쓰이기 때문에 "유징"이다. 본문 밑에 등장하는 '무징無徵'은 '유징'의 반대말로 생각하면 된다.

"우리들"의 일원이 되는 것

지금까지의 분석을 통해 차별행위로서 "배제"를 둘러싼 비대칭성의 문제가 인간이 1차집단 속에서 언어를 습득해가는 과정과 불가분의 관계로 맺어져 있다는 사실이 명백해졌을 것이다.

언어를 습득한다는 것은 아이들의 주위에 있는 1차집단의 어른들이 이미 사용하는 "단 하나의, 우리들의 것이 아닌 언어"(자크 데리다, 모리나카 다카아키守中高明 옮김, 《단 하나의 우리들의 것이 아닌 언어─타자의 단일언어 사용たった一つの, 私のものではない言葉─他者の単一言語使用》(원제: *Le monolinguisme de l' autre: ou la prothèse d' origine*), 岩波書店, 2001)를 아이들이 스스로 사용해보고 그것을 어른들에게 인정받는 것이다. 이때 비로소 아이들은 "우리들"의 일원으로 인정받는다.

그러나 스스로 언어를 사용하기 전 단계부터 이미 아이들은 어른들이 사용하는 언어의 성질에 따라 본인의 행동을 정확하게 두 가지로 구별 짓는다.

6개월이 지나 신체의 능동적 통합이 가능해진 아이들은 스스로 행동하기 시작하고 관심이 가는 모든 것을 입에 넣으려고 한다. 그 때문에 주위 어른들에게 그때까지의 자애로운 목소리와는 전혀 달리 "안 돼!", "하지 마!"라는 창으로 찌르는 듯한 날카로운 소리를 듣게 된다는 것은 앞서 이야기한 바다. 이 시점부터 아이들은 주위 어른들의 말이나 목소리를 통해 '해도 되는 것'과 '해서는 안 되는 것'을 구별하게 된다.

　이때 아이들(혹은 모든 인간들)은 비대칭성 속을 허우적거린다. 하지만 '해도 되는 것'과 '해서는 안 되는 것'이라는 이항대립적 관계를 처음부터 언어를 통해 알지는 않았다는 점이 중요하다.

　앞서 말했듯이 스스로 몸을 움직이기 시작한 아이들에게 모든 행위는 처음이다. 그 첫 행위들 중 '해서는 안 되는 것'에 대해서만 "안 돼!", "하지 마!"라는 날카로운 목소리가 날아오는 것이다.

　아이들은 초기 단계에서는 조건반사적으로 "안 돼!", "하지 마!"라는 날카로운 목소리에 겁을 먹고 하려던 행동을 그만둔다. 그리고 그러한 체험을 거듭함으로써 기억하고 경험하다가 이윽고 같은 행위를 하지 않게 된다.

　즉 '해서는 안 되는 것'만이 창으로 찌르는 듯한 날카로운 목소리와 함께 기억 속에 남지, '해도 되는 것'을 해도 된다는 명시적인 언어로 습득하지는 않는다는 말이다. '해서는 안 되는 것'은 나름대로 하나의 대상으로 기억 속에 축적되지만, '해도 되는 것'은 해도 된다는 의식 없이 그냥 해온 경험의 축적에 불과하다.

가치체계의 역전

　여기에 커다란 변화가 찾아온다. 앞서 인용한 프로이트의 항문기, 즉 배변 훈련 때의 일이다. 그때까지 '해서는 안 되는 것'의 카테고리에 들어 있지 않았던 배변행위가 하루아침에 갑자기 '해서는 안 되는 것'으로 바뀌기 때문이다.

하지만 중요한 것은 바로 이 전환, 즉 그때까지 의식한 적이 없던 '해도 되는 것'이 갑자기 '해서는 안 되는 것'으로 전환됨으로써 비로소 비대칭적 관계에 놓여 있던 두 가지가 마치 대칭적인 것처럼 언어적 짝관계에 재배치된다는 사실이다. 그리고 이와 동시에 "왜?!"라는 근원적 질문을 통해 '해도 되는 것'과 '해서는 안 되는 것'에 대한 합리적 사고가 형성되어간다.

이때 아이들은 "왜?!"라는, 원인과 결과를 언어적으로 구성하는 첫 내발적 질문을 매체로 삼아, 1차집단이 사용하는 언어의 틀 즉 그 '의미 체계' 속에 무엇이 '부정적 성질'을 지니는지에 대해 철저히 민감해질 수밖에 없다.

아이들은 자신들이 살아온 1차집단이 사용하는 언어 시스템 속의 모든 '해서는 안 되는 것'에 대해 "왜?!"라는 첫 내발적 질문이자 근원적 질문을 던진다. 그러면 주위 어른들은 그 질문에 대답할 수밖에 없다. '해서는 안 되는 것'의 이유, 즉 원인이 언어로 표현되면 반대로 '해도 되는 것' 또한 명백한 언어로 표현된다. 따라서 하나의 언어 시스템에서 "부정적 성질이나 타자성의 '기호'"의 이유, 즉 원인이 언어화되면 동시에 긍정적 성질이나 "우리들"에 대한 '기호' 또한 언어로 명시된다. '해도 되는 것'이 언어화된 영역, 이것이 바로 "우리들"의 '카테고리화'인 것이다.

이러한 의미에서 한 사회집단에서 '부정적 성질'을 표현하는 언어는 '언어의 의미체계' 속에서 그 사회집단으로부터 "배제"될지도 모른다는 공포와 불쾌감, 긴장감과 같은 강박관념과 결합되고 만다.

"동화"에 대한 강박관념

"배제"되지 않기 위해서는 "동화" 요구에 과잉 동조할 수밖에 없는 관계도 위와 같은 '언어의 의미체계' 속에서 형성된다.

따라서 "우리들"이라는 "주체"의 영역에서는 항상 그 전제로 '언어의 의미체계'가 이미 공유되고 있다는 점에 암묵적으로 동의해야 한다.

중요한 것은 "우리들"로 "동화"되기를 요구하는 말 속에는 그렇지 않으면 "배제"되고 만다는 기억이 반드시 포함되어 있다는 사실이다.

언어를 구사하는 생물인 사람들에게는, 이항대립적 짝관계처럼 구성되어 있는 "단 하나의, 내 것이 아닌 언어"를 이미 구사하는 사람들에게 스스로를 "동화"시키지 않으면 그곳에서 "배제"되어 살아남을 수 없게 될지도 모른다는 공포와 불쾌감과 긴장감이 각인되어 있다.

배변 훈련이 시작되는 두 살 반부터 선천적 언어 습득이 거의 완료되는 다섯 살까지의 아이들이 자기 전에 이야기책을 읽어 달라고 조르는 것은 이것과 연결되어 있다. 이 시기 아이들은 1차집단의 어른들이 공유하고 있는 신화, 전승, 옛날이야기 등 원인과 결과의 연쇄로 성립된 언어로만 구축된 세계를 통해 '해도 되는 것'과 '해서는 안 되는 것'의 체계를 마치 이항대립적 짝관계인 듯 익혀간다.

신화, 전승, 옛날이야기는 '언어의 의미체계'의 기본 조합이다. 아이들은 같은 이야기를 반복해서 들음으로써 '언어의 의미체계'를 내면화시킨다. 이러한 신화, 전승, 옛날이야기를 통해 아이들은 스스로의 경험을 이야기로 만들어 자신의 기억을 형성할 수 있게 된다. 바로 그때 어른들이 사용하는 '언어의 의미체계'로의 "동화"가 가능한 "주체"가 되는 것이다. 그리고 "우리들"과 "공범"관계를 맺을 수 있는 "주체"로서 차별에 참가할 수도 있게 된다.

이렇듯 차별이 발생하는 '언어' 공간의 구조가 파악된다면 인종차별주의 또한 이 원칙에 근거해 구조화되어 있다는 점 또한 명백해질 것이다.

요컨대 "타자화"의 행위로 타자를 표상하는 것이 동시에 "우리들"을 언어적으로 구성한다는 관계가 중요하다는 뜻이다.

《오리엔탈리즘》에서 나타나는 주체와 객체의 '비대칭성'

'쓰는 인간' 과 '쓰이는 인간'

　에드워드 사이드는 《오리엔탈리즘》(이타가키 유조板垣雄三·스기타 히데아키杉田英明 감수, 이마사와 노리코今沢紀子 옮김, 平凡社, 1986)을 통해 사토 유타카가 논의한 국소적 차별론의 문제를 인종차별주의(레이시즘)와 연결시키는 데 중요한 논리적 매개 역할을 했다.

　우선 차별자와 피차별자 사이의 비대칭적 관계를 생각함에 있어 주체와 객체, 표상하는 자와 표상의 대상자와의 관계에 대해 사이드는 다음과 같이 말한다.

　　오리엔탈리스트란 **쓰는** 인간이며 동양인(오리엔탈)이란 **쓰이는** 인간이다. 이것이야말로 오리엔탈리스트가 동양인(오리엔탈)에게 부과한 더욱 암묵적인 동시에 더욱 강력한 구별이다. …… 롤랑 바르트Roland Barthes

(1926~1984, 프랑스 평론가—옮긴이)가 말했듯이 신화(와 그것을 영원화한 것과)는 끊임없이 자신을 만들어낼 수 있다. 동양인(오리엔탈)은 고정화된 부동의 존재이며 조사가 필요하고 자신에 관한 지식마저 필요한 인간으로 제시된다. 어떠한 변증법도 요구되지 않고 어떠한 변증법도 용납되지 않는다. 여기에 있는 것은 정보원(동양인/오리엔탈)과 지식원(오리엔탈리스트)이다. 즉 필기자와 그 필기자에 의해 처음으로 활성화된 주제다. 양자의 관계는 근본적으로 힘의 문제이며 이에 대해서는 많은 이미지가 존재한다(312~313쪽).

"쓰는 인간"="필기자"로서의 "오리엔탈리스트"와 "쓰이는 인간"="주제"로서의 "동양인(오리엔탈)"과의 관계야말로 주체와 객체와의 비대칭성을 가장 뚜렷이 보여준다. 그리고 그 "쓰는 인간"="필기자"가 계속 재생산하는 것은 "신화"이며 "힘"에 의해 형성되는 "이미지"다.

당연히 "쓰는 인간"="필기자"는 자신이 "쓰는", "필기"하는 것에 동의하는 자, 즉 텍스트에 동조하면서 읽는 독자가 다수 존재한다는 것을 전제로 표상행위를 한다. '쓰는 것' 자체가 어느 특정한 언어 시스템으로써 "공범자"를 형성하는 행위이자 "필기자"와 독자 사이에 "우리들"이라는 관계를 형성하려는 욕망에 자극을 받아 이루어지는 행위다.

동시에 "필기자"는 이미 "필기"된 여러 언어를 인용함으로써 자신의 견해를 정당화하고 정통화한다. 다름 아닌, 이전에 자신에게

"공범자" 되기를 제안한 차별의 언어에 동조하는 응답이다. 인용을 "필기"하는 것은 스스로가 적극적으로 "공범자"가 되어가겠다는 의사표시다.

이때 사용되는 특정 언어 시스템에서 "쓰이는 인간" = "주제"가 부정적으로 표상된다는 것은 기정사실이다. 좀 더 정확히 말하자면 이러한 표상으로 인해 특정 언어 시스템이 성립된다. 가치평가를 수반하는 이항대립적 언어 시프트에서 부정적·소극적 가치를 지닌 언어를 골라 "쓰이는 인간" = "주제"에 맞춰 쓰기만 하면 되는 것이다.

이러한 언어 조작의 모든 권한은 "쓰는 인간" = "필기자"에게만 부여된 것으로 "쓰이는 인간" = "주제"에게는 일체의 반론의 여지도 변명의 기회도 없다. 왜냐하면 "쓰이는 인간" = "주제"는 언어 구사권 자체를 이미 빼앗겨버렸기 때문이다.

"쓰는 인간" = "필기자"가 "쓰이는 인간" = "주제"를 자신들이 사용하는 특정 언어 시스템의 이항대립적·부정적 가치평가 기준에 맞춰서 쓰면 쓸수록 확실히 표현하지 않더라도 본인들은 긍정적 가치평가 기준을 획득할 수 있게 된다.

"저 녀석들은 야만적 행위를 하고 있다"라고 표상하는 사람은 바로 '문명'이라는 가면을 쓸 수 있게 된다는 식이다.

즉 특정 언어 시스템에서 가치평가를 수반하는 이항대립적 항목을 언어로 조작할 능력과 권한을 가지고 있다면 언제든지 오리엔탈리스트가 될 수 있다. 바로 그렇기 때문에 "쓰는 인간"과 "쓰이는 인간"의 관계, "필기자"와 그 "주제"와의 관계는 "근본적으로 힘의 문제"인 것이다.

이 "힘"은 근본적으로는 "공범자"로 상정된 독자들이 "쓰는 인간"에게 부여했다는 점을 간과해서는 안 된다. 한 텍스트의 독자였던 사람이 그 텍스트의 "공범자"가 되기를 스스로 선택하고 그 텍스트를 구성하고 있는 특정 언어 시스템도 자유로이 구사하는 능력을 획득한다면, 그는 "쓰는 인간"이 될 수 있으며 "힘"을 손에 넣을 수 있다.

"이문화"를 둘러싼 표상

인종차별주의를 유발하는 오리엔탈리즘에 대한 근본적 비판은 사이드의 다음과 같은 문장으로 집약된다.

우리들은 이문화를 어떻게 **표상할** 수 있을까. **이문화란** 무엇인가. 하나의 명확한 문화(인종, 종교, 문명)라는 개념은 유익한가? 아니면 그것은 항상 (자신의 문화를 논할 때에는) 자기칭찬인가. ('이' 문화를 논할 때에는) 적의와 공격에 빠지는 것이 아닐까. 문화적·종교적·인종적 차이는 사회=경제적, 정치=역사적 카테고리보다 중요하다고 할 수 있을까. 관념이란 어떻게 권위, '정당성' 혹은 '자명한' 진리라는 지위를 획득하는 것일까. 지식인들의 역할이란 무엇인가. 지식인이란 그들이 속해 있는 문화와 국가를 정당화하기 위해 존재하는 것일까. 지식인들은 독립된 비판의식, 즉 **대립적** 비판의식에 어느 정도의 중요성을 부여해야 하는 것일까(에드워드 사이드, 이마사와 노리코今沢紀子 옮김, 《오리엔탈리즘》, 329쪽).

이러한 문제제기는 《오리엔탈리즘》 전체에 수차례 등장하지만 해답은 제시되어 있지 않다. 그렇기 때문에 인용문에 나오는 사이드의 문제제기에 하나하나 답을 찾다보면 인종차별주의에 빠지지 않고 그것에 대항하여 그 이데올로기를 비판하고 타파할 수 있는 길이 보일 것이다.

우선 첫 번째로 어느 한 인종이나 종교, 문명을 한 가지 형태의 명백한 "이문화"로 존재하는 듯 표상하는 것은 어떠한 실천일까? 지금껏 해온 언어론적 분석으로 되짚어보자.

"이문화"로 "표상"한다는 것은, "표상"에 쓰이는 언어 시스템을 공유하는 사람들 사이에서 "표상"의 대상이 "우리들"과는 "다르[異]"다는 것을 언어로 정착시킨 행위를 실천하는 것과 다름없다.

"다른[異]" 것을 담론화하는 것은 "우리들"이 공유하는 언어 시스템에서 긍정/부정이 명확한 가치평가를 지닌 이항대립적 언어를 찾아내 둘 중 부정적 가치를 가진 언어를 선택하여 "표상"하는 대상에 갖다 붙이는 행위다.

'틀에 박힌 양식'이라는 저주로부터의 탈출

긍정/부정의 가치평가가 명확한 이항대립적 언어는 대부분의 경우 정서적으로 작용하는 주관적 효과를 내재하고 있다. '좋아한다/싫어한다', '깨끗하다/더럽다' 등을 생각해보면 쉽게 알 수 있듯이 짝관계를 맺고 있다. 이항대립적 어휘는 "우리들"이 사용하는 언어 시스템 가운데 가장 '틀에 박힌 양식'의 단어다.

동시에 정서적으로 작용하는 주관성이나 기분, 감정을 불러일으키는 단어다. 그리고 언어를 구사하는 생물인 인간이 발달시켜온 대뇌피질보다는 '동물의 뇌'인 대뇌변록계에 의해 더욱 강하게 작용되는 단어이기도 하다.

프로이트의 '쾌감원칙'에 따른 단계에서 '쾌/불쾌'의 이항대립적 구도로 세계를 둘로 나누는 것은 대뇌변록계의 편도핵의 작용이라는 것도 뇌과학의 연구 성과로 밝혀졌다. '불쾌'란 긴장했을 때 발생하는 정서다.

어떤 대상이 '불쾌'로 이어지는 부정적 가치평가의 연관어휘로 "표상"되면 가장 원시적 정서인 '공포/분노'의 짝관계가 자극을 받고 활성화된다.

'공포/분노'의 짝관계가 활성화되면 필연적으로 '적의와 공격'성이 고조된다. 왜냐하면 '공포/분노'의 짝관계는 동물에게도 존재하는, 생명체의 보존과 깊이 연관된 정서이기 때문이다. 앞서 말했듯이 만난 적 없는 '타자'와 맞닥뜨렸을 때 그 상대방이 자신보다 강할 것 같다는 판단이 선행되면 '공포'의 정서가 고조되어 도망을 선택한다. 반대로 자신보다 약할 것 같다는 판단이 앞서면 '분노'의 정서가 고조되어 공격을 선택한다. 그러나 어느 쪽이든 '적의'가 고조된다는 것에는 차이가 없다.

즉 어느 한 대상을 "이문화"로 "표상"하는 행위는, 언어를 구사하는 주체가 자신이 속해 있는 "우리들"의 언어 시스템 속에서 부정적인 가치평가를 내재한 '틀에 박힌 양식'의 짝관계 중 어느 한 쪽을 계속 선택하여 그 대상의 이미지를 구축하는 것이다. 따라서 "이문화" "표상"은 "우리들"의 언어 시스템 내부의 '틀에 박힌 양식'의 부정항否定項을 끊임없이 찾아내는 연속행위라고 할 수 있다.

그 대상에 '틀에 박힌 양식'의 부정항을 계속 갖다 붙이면 붙일수록 긍정항만으로 구축된 "우리들" 속의 '나'의 상을 비춰낼 수 있는 거울이 형성된다. 그 행위 전체는 "우리들"이 사용하고 있는 언어 시스템에 내재된 가치관과 계속 얽혀갈 뿐이다. 그렇기 때문에 인종차별주의의 본질은 언어적 표상이라는 점을 새삼 강조할 수 있다.

그러나 이러한 언어적 행위는 태어난 지 1년이 채 안 된 아기 수준의 '쾌감원칙'에 근거할 수밖에 없다. "왜?!"라는 질문을 능동적으로 포함한 인과관계를 합리적으로 그리고 현실세계와의 관계 속에서 사고하는 항문기 이후의 언어적 행위와는 전혀 무관하기 때문이다.

'의심' 하는 전략

여기서 다시 한 번 사이드의 문제제기가 얼마나 중요한지가 부각된다. "문화적·종교적·인종적 차이"를 "표상"하는 행위가 '틀에 박힌 양식'의 이항대립적 부정항을 끊임없이 찾아내는 연속행위라는 것과 "사회=경제적" 이항대립과는 어떠한 관계일까.

예를 들어 가장 '틀에 박힌 양식'의 이항대립 중 하나인 '빈/부'로 생각해보자. 분명 '빈/부'라는 이항대립에서는 '빈'이 '불쾌'하고 '부'가 '유쾌'하다는 주관적 가치판단을 쉽게 내릴 수가 있다.

하지만 '빈/부'라는 이항대립에는 "왜?!"라는 질문이 가능하다. 현재 A가 '빈'이고 B가 '부'인데 이에 대해 "왜?!"라고 물어본다면 A와 B 각각의 과거가 문제시된다. 즉 A가 "왜?!" 지금 '빈'이고 B가 "왜?!" 지금 '부'인지의 물음은 '빈/부'라는 '틀에 박힌 양식'의 이항대립적 카테고리를 "역사적" 문맥 속에서 다시 파악하는 언어적 행위를 발생시킨다. 그것은 바로 "왜?!" 그러한 "역사적" 경위가 만들어졌는지를 묻는 두 번째의 "왜?!"를 불러일으키고, 이렇게 질문을 거듭하는 가운데 A와 B의 사회적·"정치"적 역力관계의 비대칭성이 언어적 그리고 합리적으로 인식된다.

이렇게 되면 "'자명'한 진리"라는 것이 어떻게 구성되는지 그 과정이 밝혀진다. "'자명'한 진리"는, 어느 한 언어 시스템을 공유하는 "우리들" 내부에서 이미 '왜?!'라는 질문을 받지 않게 된, 주관적 가치평가를 내재한 '틀에 박힌 양식'의 이항대립 속에서 구성된다는 점이 확실해진다. 이 시스템은 이른바 문답이 필요 없는 도그마로서 기능한다고 할 수 있다.

반대로 말하면 어느 한 언어 시스템 속에서 우리들이 '정상'이라고 믿어 의심치 않는 "'자명'한 진리"란 그 시스템 자체가 만들어낸 약속에 불과하며, "왜?!"라는 질문을 하지 않을 뿐, 하려고 들면 얼마든지 할 수 있다는 것이다.

"왜?!"라고 묻는 것은 의심의 실천이다. 어느 한 언어 시스템 속에서 '정상'이라고 간주된 것을 혹여 이상異常일지도 모른다고 의심하는 것이야말로 "지식인"이 맡아야 할 역할이다.

"왜?!"라는 질문을 계속 던지다보면 결국은 한 언어 시스템의, 시스템으로서 안정을 유지하기 위해 가장 근본적으로 약속된 사항에 부딪치게 된다. 그 근본적 약속사항 하나하나가 "왜?!"라는 질문에 견딜 수 있는 내용인지를 검증하는, 즉 자신들이 사용하는 언어 시스템 구조 그 자체에 대해 항상 비판적일 수 있을지가 "지식인"에게 요구되는 자질이다.

이러한 의미에서 인종차별주의를 극복하기 위해서는 각각의 언어 시스템 속에서 '자명'하다고 여겨지는 긍정/부정의 가치평가를 수반한 언어의 상호간 결합관계의 그물망 전체에 "왜?!"라는 질문을 계속 던지면서 그 내구성을 검증해야 한다. 그리고 그 내구성이 확실히 한계에 다다랐을 때 언어의 상호간 결합관계의 그물망 전체를 뒤집어엎을 만한 용기와 기량을 가지기를 주저하지 않아야 한다. 그때 각각의 양심에서는 '나는 생각한다, 고로 존재

한다'(데카르트)가 아니라 "나는 의심한다, 고로 존재한다"라고 생
각해야만 한다.

03

인종차별주의의 담론

'대일본제국'에 대한 자기 오리엔탈리즘

나가이 카후永井荷風의 《악감惡感》

본 장에서는 나가이 카후(1879~1959, 일본 소설가―옮긴이)의 《악감》이라는 단편소설 텍스트를 분석하면서 인종차별주의(레이시즘)에 내재하는 욕망의 문제를 들여다보겠다.

《악감》은 《수재문단秀才文壇》(1909년 1월)이라는 잡지에 처음 게재되었을 당시에는 《악감(귀항기의 하나)惡感(帰航記の一)》라는 제목으로 발표되었다. 그래서 독자들도 처음에는 소설이라기보다 오히려 작가인 나가이의 귀항기(외국여행에서 일본으로 돌아오는 여행기―옮긴이)로 읽었다. 나가이는 1908년 7월에 귀국해서 이듬해 하쿠분칸博文館에서 《아메리카 이야기あめりか物語》를 출판하여 일약 신新귀국자로 문명文名을 떨쳤다.

그리고 그 후 《악감》을 비롯하여 프랑스 체험을 바탕으로 한 단

편소설을 잡지에 발표했다. 1909년 3월에는 하쿠분칸 출판사에서 《프랑스 이야기ふらんす物語》라는 제목의 서적을 간행할 예정이었다. 하지만 출판 신청과 동시에 발매금지 처분을 받았다. 《악감》과 《프랑스 이야기》의 발매금지 처분과는 몇 가지 중요한 연관성이 있다고 추측된다. 《프랑스 이야기》가 발매금지 처분을 받은 후 《악감》이 오랫동안 활자화되지 못했다는 사실 또한 《악감》과 발매금지 처분이 관계가 있음을 증명한다.

《악감》을 일반 독자들이 널리 읽게 된 것은 1909년 게재 당시가 아닌 일본의 패전 후 1948년부터 주오코론中央公論사가 게재한 《카후 전집荷風全集》을 통해서다. 그런데 전쟁 때처럼 검열이 심하지 않았음에도 불구하고 상당히 많은 부분이 수정되었다. 제목도 《싱가포르의 몇 시간新嘉坡の数時間》이라는, 어떠한 가치평가도 포함하지 않는 제목으로 바뀌었다.

즉 《악감》이라는 텍스트는 대일본제국 때는 차치하더라도 전후의 일본국에서조차 본래 내용 그대로 출판하기는 힘들었다는 것이다. 그 이유는 명확하다. 왜냐하면 《악감》이라는 텍스트는 한 번만 읽어봐도 전형적인 오리엔탈리즘의 담론임을 알 수 있기 때문이다. '동양(오리엔트)'에 대한 모멸과 혐오, 아니 증오마저 느껴질 정도로 철저한 차별적 담론이다. 《악감》이라는 제목 두 글자가 보여주듯 말이다.

그러나 《악감》이 이른바 전형적인 오리엔탈리즘의 담론과 결정적으로 다른 점은 《악감》의 대상이 타자가 아니라 자신이라는 점이다. "오리엔탈리스트"로서 언어를 표현하는 주체가 사이드가 말한 "동양인(오리엔탈)"으로 그려내는 대상이, 자신이 귀속되어 있으며 지금부터 귀국해야 하는 '대일본제국'의 신민이다.

나는 〈사고의 프런티어〉시리즈 Ⅰ에 수록되어 있는《포스트 콜로니얼》(송태욱 옮김, 삼인, 2002)에서 근대 일본의 식민지주의의 중요한 특징을 "자기식민지화"라고 규정한 바 있다.《악감》이라는 텍스트가 바로 이 "자기식민지화"를 극단화시킨 지역에서 볼 수 있는 '자기 오리엔탈리즘' 표상의 실례다. 그리고 '자기 오리엔탈리즘'의 철저한 실천은 어느 임계점에 달하면 해당 언어 시스템을 깨부순다.

식민지주의 문학의 기억

《악감》은 다음과 같이 시작한다.

돌이켜보면 서방 유럽 천지는 어찌하여 저 멀리 떨어져 있는가! 구름 낀 대서양, 화창한 지중해, 무더운 홍해, 폭풍우 치는 인도양. 배는 지금 싱가포르에 도착했다.
닷새 전 콜롬보에 기항했을 때에는 부처님이 태어난 섬이라고 해서 오페라 〈라크메〉 무대를 그리워하고, 러디어드 키플링Joseph Rudyard Kipling (1865~1936, 영국 소설가 겸 시인—옮긴이)을 떠올리고, 르콩트드릴Charles—

Marie-René Leconte de Lisle(1818~1894, 프랑스 시인, 극작가—옮긴이)을 꿈꾸며, 처음 보는 야자나무 숲과 벌거벗은 토인들, 무서운 물소와 강렬한 햇빛, 놀랄 만한 초목의 울창함을 눈앞에서 보고 오랫동안 꿈꿔온 열대의 아름다움에 취해 있었지만, 이런 싱가포르에 대한 한때의 황홀함은 흔적도 없이 사라졌다. 지금 쉴 새 없이 내 마음을 초조하게 하는 것은 동방 대일본제국, 러시아를 이긴 메이지의 문명국이 얼마나 내 몸 가까이로 다가오고 있는가라는 것뿐이다(《악감》의 인용은 이와나미에서 간행된 《카후 전집 신판》에 의한다. 이하 《악감》의 인용 또한 같다—인용자주).

위 인용문은 오리엔탈리즘의 담론을 구사하는 언어 주체 내부에서 발생한 지정학적 격변을 정확하게 파악한 표현이라 할 수 있다. "닷새 전"이라는 말에, 이 텍스트를 쓰는 "지금"과의 결정적 차이, "콜롬보"에 있을 때의 "나"와 "싱가포르에 도착"했을 때의 "나"와의 결정적 차이가 들어가 있다. 게다가 이 "나"는 "내 마음"이라는 정신적 자아뿐 아니라 "내 몸"이라는 신체적 자아 또한 포함하고 있다.

"유럽 천지"로부터 돌아오는 여행을 하고 있는 "내 마음"은 "콜롬보"까지는 "유럽"의 그것에 귀속될 수 있었다. 이곳이 "부처님이 태어난 섬"이라는 설명을 들은 "내 마음"은 스스로를 인도에서 태어난 영국인 소설가 키플링에 비유할 수 있었다.

여기에 다름 아닌 키플링을 등장시킨 작가 나가이의 세계관은 범상치 않다. 키플링은 1907년 노벨문학상 수상 당시 세계적 명성을 떨치던 식민지주의 작가이며 인종차별주의적 담론의 대가라 해도 과언이 아니다.

키플링은 늑대소년 모글리를 주인공으로 한 1894년의 《정글북》에서 일약 명성을 얻고, 1901년에 간행된 《킴》(라마승에게 버림받고 방랑하다가 군대에 들어가서는 밀정이 되어 활약하는 소년의 이야기)이나 소년 독자를 대상으로 하는 모험소설 등으로 세계적 인기를 누리고 있었다. 아이들조차 야생동물의 세계에서 야만을 거쳐 문명에 이르는 과정을 하나의 이데올로기로 공유할 수 있었을 정도로, 식민지주의적 인종차별주의의 담론이 키플링에 의해 매뉴얼화되었다.

극동의 섬나라에서 나고 자란 "내 마음"에도 키플링의 세계는 "우리들"(사토 유타카의 "우리들"에 사이드의 "오리엔탈리스트"의 함의를 내포시킨 개념)이 생각하고 느끼는 방식의 공통항으로 공유되고 있다는 사실이 분명해졌다. 물론 위와 같은 작품세계를 가진 키플링이 노벨문학상을 수상했다는 사실만 봐도 당시 구미 열강에서 식민지주의를 어느 정도 긍정하고 있었는지는 쉽게 알 수 있다.

대일본제국의 현실

즉 극동의 섬나라에서 나고 자란 "내 마음"이 "열대의 아름다움"을 "꿈"꿀 수 있게 된 것은 영국이나 프랑스와 같이 전 세계를 제국주의적 식민지주의로 지배하는 나라들의 언어로 표상된, "열대"를 둘러싼 오리엔탈리즘의 담론이 생산되고 있었기 때문이라는 것을 《악감》의 텍스트는 폭로하고 있다.

키플링과 오페라 〈라크메〉, 르콩트드릴이 병렬되어 있는 것은 바로 이 때문이다. "열대의 아름다움"은 대중화된 오락의 담론이나 이미지를 통해서만 표상된다. 여기에는 "오리엔탈리스트"들이 "우리들"이라 부르는 구미 열강 도시 주민들의 욕망이 결합되어 있다.

닷새 전 콜롬보까지의 "내 마음"은 구미 열강의 오리엔탈리즘 쪽에 동일화되어 있었다. 그러던 것이 닷새간의 선박 여행을 거쳐 극동의 섬나라에 조금 더 가까운 "싱가포르"에 와서는 무너진다. 여기에 극히 미세한 지정학적 차이에 대한 나가이의 인식이 드러난다.

불과 며칠 전까지 "내 마음"과 "내 몸"이 동일화되었다고 느꼈던 "서방 유럽 천지"에서 결정적으로 "저 멀리 떨어져"버렸다는 사실을 "싱가포르"라는 장소에서 지정학적으로 깨닫는 순간, "나"는 스스로를 키플링이나 르콩트드릴과 동일화시켰던 것이 "꿈"에 지나지 않았다는 사실을 알아차린다.

"동방 대일본제국"이 "내 몸 가까이로 다가오고" 있다는 사실이 "내 마음을 초조하게" 한다. "서방 유럽"에 동일화되었다는 꿈에서 깬 "나"는 본래 귀속되어 있던 "동방 대일본제국"에 스스로를 현실적으로 동일화시켜야 한다는 상황을 혐오하게 된다. 주오코론 출판사의 전집에서는 "동방 대일본제국"이라는 표현이 "동쪽 나라"로 수정되었다. 이 표현이야말로 《프랑스 이야기》가 발매금지 처분을 받은 핵심 이유 중 하나였다는 사실을 알 수 있다.

"참혹한 육체노동의 나라" 식민지

《악감》이라는 텍스트는 전형적인 오리엔탈리즘 담론, 인종차별주의 담론의 형식을 답습하면서도 쓰는 주체인 "오리엔탈리스트"와 표상의 대상인 "동양인(오리엔탈)"과의 관계를 역전시켜버린다. 그때까지 오리엔탈리즘의 감수성 속에 마치 자명한 사실인 양 "내 마음"과 "내 몸"을 맡겨놓았던 "내"가, 실은 오리엔탈리즘에서 표상의 대상이 되는 "동양인(오리엔탈)"이라는 사실을 "싱가포르"에서 맞닥뜨리게 된다.

《악감》이라는 텍스트에서 또 하나 중요한 점은 혐오의 대상이, 고루하고 야만적인 "동방 대일본제국"의 비근대적 잔재가 아니라, 바로 "대일본제국"이 "대일본제국"이 된 지점, 즉 문명개화와 부국 강병정책의 귀결로서 탄생한 근대국민국가 그 자체라는 점이다.

다음 인용문이 바로 《악감》의 대상인 "대일본제국"에 대해 혐오할 만한 사항을 나열한 부분인데 주오코론의 전집에서는 이 부분을 모두 삭제했다. 역시 이 부분이 발매금지 처분을 받은 중요한 원인이었음을 필자도, 편집자 측도 알고 있었던 것이다.

순사, 교사, 군인, 관리, 히비야日比谷의 벽돌건물, 사이고 타카모리西鄕隆盛(1827~1877, 메이지유신의 중심인물로 도쿄 우에노공원에 동상이 세워져 있다—옮긴이)와 구스노키 마사시게楠正成(1294~1336, 가마쿠라시대 말기의 무장, 천황에 대한 충성심의 상징적 존재로 도쿄의 황거 근처 공원에 동상이 세워져 있다—옮긴이)의 동상, 인도人道를 핑계로 돈을 뜯으면서 활보하는 신문지, 무엇무엇 하면 안 된다는 간판, 게시물, 규칙, 구청, 호적, 호주, 인감, 얼굴이 못 생긴 여학생, 지방 출신 대학생, 히스테릭한 아줌마들의 올림머리, 원숭이 같은 빈민촌의 아이들, 석양이 비추는 뒷간, 민달팽이가 기어다니는 수채통—옛날부터 일본제국에 대해 지니고 있던 악감정, 한때 구미 천지에서 의도하지는 않았지만 잊고 있던 악감정이 지난밤의 악몽을 떠올리듯 스멀스멀 되살아난다.

제일 먼저 나오는 "순사, 교사, 군인, 관리"들은 메이지유신 이후의 남성중심주의적 근대국민국가, 중앙집권국가의 가장 대표적 주역들이며, 모두 천황을 정점으로 한 피라미드형 국가권력 서열에 편입된 직업이다.

"히비야의 벽돌건물, 사이고 타카모리, 구스노키 마사시게의 동상"은 모순투성이인 근대 천황제에 관련된 상징적 모뉴먼트monument다. 그리고 "신문지"에서 "대학생"에 이르는 표상의 나열은 모두 문명개화라는 이름 하에 메이지시대 들어 새롭게 창출된 중앙집권적 근대 국민국가 지배를 위한 장치에 다름없다.

"한때 구미 천지에서 의도하지는 않았지만 잊고 있던" "대일본제국"에 대한 "악감정"이 "내 마음"과 "내 몸"이 본래 귀속되어야 할 장소 그 자체에 대한 "악감정"으로 "악몽을 떠올리듯" 기억의 저 밑바닥에서부터 "스멀스멀 되살아난다"는 것이다. 이것이 "내"게는 "싱가포르"라는 항구의 지정학적 위치인 것이다. "신기"한 콜롬보의 열대 광경이 아니라 명백히 "대일본제국"이 속해 있는 "동양"＝아시아의 "싱가포르"를 통해 본인의 "동양인(오리엔탈)"성이 씻어 없앨 수 없는 현실로 다가온다.

항구에서 본 항만노동자들의 모습은 철저히 그리고 유난히 인종차별주의적으로 묘사된다. "추한 말레이시아의 토인들이나 더러운 지나의 쿨리"들은 "처음에는 인간이 아니라 단지 검고 더러운 살덩어리가 고구마라도 씻는 듯 흔들거리고 있다고밖에 여겨지지 않았"지만 같은 인간이라는 사실을 알아차린 순간 관점이 바뀐다.

이윽고 움직이는 팔다리의 근육이 무거운 짐을 질 때마다 소나무의 혹처럼 높이 불거지고 땀이 폭포처럼 쏟아내리는 모습을 봤을 때 오랫동안 기계와 전기의 힘에만 놀라워하던 나 자신은 마치 가슴을 쥐어뜯기는 듯한 고통과 공포를 느꼈다. 동양이라는 곳은 실로 참혹한 곳이다, 참혹한 육체노동의 나라라고 느꼈다.

처음에 "추한 말레이시아의 토인들이나 더러운 지나의 쿨리"는 "그들"(사토 유타카의 "그들"에 사이드의 "동양인(오리엔탈)"을 내포시킨 개념), 즉 타자로 묘사되어 있었다. 그 "추"함과 "더러"움을 표상한 "자신"은 "아름답"고 "청결"한 "우리들", 즉 "서방 유럽" 쪽에 몸과 마음을 귀속시키고 있었다. 산업혁명 후 "서방 유럽"에서 육체노동은 모두 증기기관으로 움직이는 "기계"와 "전기의 힘"으로 바뀌었다. 그러나 지금 눈앞에 펼쳐진 "동양이라는 곳"의 현실은 유럽과는 전혀 다른 "참혹한 육체노동의 나라"라는 말이다.

그리고 "그들"로 묘사하던 타자로서의 "말레이시아의 토인"과 "지나의 쿨리"의 몸에서 같은 인간으로서 "근육"과 "땀"을 발견했을 때, "참혹한 육체노동의 나라"인 "동양"의 일원에 "자신"도 포함된다는 사실, 즉 비로소 "자신"은 그 모습이 "그들"이 아니라 "우리들"의 모습이라는 사실을 "알아차"리고 만 것이다. 그리고 "마치 가슴을 쥐어뜯기는 듯한 고통과 공포"를 느끼게 된다.

작가는 이 부분에서 인종차별주의적인 "우리들"과 "그들"의 비대칭적 관계를 완전히 역전시켜 "자신"이 도대체 어떤 "우리들"에 귀속되는지에 따라 그 관계성은 완전히 달라진다는 사실을 적나라하게 폭로했다.

여기에 《악감》이라는 텍스트가 동시대 독자들과 "공범" 관계를 맺기 위해 어떻게 다가갔는지 명확하게 드러난다.

"탈아입구"의 욕망

우선 "동방 대일본제국"이라는 표현 바로 다음에 "러시아를 이긴 메이지의 문명국"이라는 표현이 있었다는 점에 유의해야 한다. 러일전쟁 후의 "대일본제국" 그리고 그 구성원인 독자를 분명히 인식하고 있었다는 점이다.

《악감》이 발표된 같은 해 1909년 6월부터 연재가 시작된 나쓰메 소세키夏目漱石의 《그 후それから》의 주인공 나가이 다이스케長井代助는 "일본은 서양에게 빚이라도 지지 않으면 도저히 일어설 수 없는 나라다. 그러면서도 일등국임을 자임한다. 그리고 억지로 일등국 대열에 끼려고 한다. 그러니까 모든 방면의 폭을 줄이고는 일등국이라 할 만한 정면 입구의 폭만 넓혀놨다"라고 친구 히라오카平岡에게 말한다. 다이스케의 자조적 말 속에 그 시대 독자들이 공유하고 있던 대중화된 사회적 집합기억의 특징이 나타난다.

러일전쟁 후 신문을 비롯한 일본의 언론은 "러시아를 이긴 메이지의 문명국" "대일본제국"은 불평등조약 체제에서 완전히 벗어나 구미 열강과 어깨를 견주는 "일등국"이 되었다고 우월의식을 부채질했다.

필사적으로 전쟁을 벌이면서 "억지로 일등국 대열에 끼려고", 어떻게든 "일등국임을 자임"하겠다는 욕망이 사회적으로 공유되어 있었다. 그리고 일본이 구미 열강과 같은 "일등국"이 되면서 예전 후쿠자와 유키치福沢諭吉가 내건 "탈아입구"라는 목표를 실현했다는 환상을 많은 일본인들이 품게 되었다.

즉 "일등국", 구미 열강과 같은 "우리들", 아시아로부터 벗어나 [脫亞] 구미로 들어간[入歐] "우리들"이라는 인식이 같은 아시아인 중국과 조선에 대한 멸시로 이어지면서 한반도의 식민지화= '한 국병합'을 위한 항일무장봉기 탄압으로 나아갔다.

"러시아를 이긴 메이지의 문명국" "대일본제국"의 "우리들"이라 는 환상을 일단 떠올리게 하면서도 하지만 바로 "말레이시아의 토 인"이나 "지나의 쿨리"가 자신들과 같다는 인식으로 전환시키고자 한 의도가 《악감》이라는 텍스트를 읽는 독자들에게 전달되었다.

"싱가포르" 항구의 "입항, 출항"은 모두 "식민지로 향하는 화물 선 투성이"다. 그곳에 있는 "서양인"들은 "투구 모양의 모자를 쓰 고" 잘난 척하고 있지만 결국은 "인상 나쁜" "거친 눈빛의 선원이 나 뱃사람, 아니면 멀리 일 떠나는 노동자의 몸 그것뿐"이다.

텍스트는 "동양"에 대한 이항대립적 짝으로 범주화된 "서양인" 이라는 용어를 일단 제시하면서도, 직업이나 계급을 도입함으로 써 바로 그곳에서 형성된 "우리들" 의식을 파괴하는 방향으로 나 아간다.

아아, 싱가포르. 영국령 해협 식민지의 선착장 싱가포르. 화물선, 원주 민, 돈 벌러 온 노동자 …… 나는 문득 유행이니 멋이니 화사함이니 하 는 것들이 얼마나 이 천지와는 관계가 없는지에 놀랐다.

"나"는 이렇게 놀람으로써 "싱가포르" 항구의 지정학적 위치로 인해 그때까지 "자신"이 품고 있던 "꿈" 같은 "서방 유럽"에 "자신"을 동일화시키던 환상을 깨고 "악몽" 같은 현실에 직면하게 된다.

"나"는 "동양"의 일원이라는 현실을 깨달으면서 "자신"의 자기 동일성의 진상이 무엇인지 알게 된다.

"동양"이라고 하는 야생의 힘이 눈에는 보이지 않지만 이미 몸 안에 스며들어 지금까지 향수와 비누로 닦은 피부와 손톱은 물론 시와 음악으로 세련되어진 두뇌까지 모든 나의 신체기관과 사상을 엉망진창으로 야만스럽게 만들어갈 것 같은 느낌이 든다.

"내 몸"과 "내 마음"이 위기에 몰리고 있는 모습이 날카롭게 표상되어 있다.

"자신"은 '문명' 쪽에 속한다는 환상이 무너졌을 때 자신의 "신체"와 "두뇌"가 "엉망진창으로 야만스"러워져간다는 것이다.

이렇게 위기에 몰린 "쓰는 인간"(사이드) "자신" 앞에 같은 일본인으로 "한 명의 신사와 서너 살짜리 아이를 데리고 있는 그 부인"이 나타난다. 《악감》의 후반부에는 같은 일본인의 모습이 오리엔탈리즘과 인종차별주의적 담론으로 묘사된다.

"우리들" = "그들"이라는 뒤바뀜

같은 일본인에 대한 악감정

《악감》이라는 텍스트에는 전형적인 오리엔탈리즘의 담론인 듯 하면서도 "쓰는 인간"인 오리엔탈리스트와 쓰이는 대상인 "동양 인(오리엔트)"과의 관계가 뒤바뀌어 "동양인(오리엔트)"이 "동양인 (오리엔트)"에 대해 서술하는 행위 또한 등장한다. 그리고 이 행위 자체가 오리엔탈리즘의 담론을 더욱 확대재생산한다. 이러한 구 조는 "[배에—옮긴이] 방금 올라탄 한 명의 신사와 서너 살짜리 아 이를 데리고 있는 그 부인"에 대한 묘사에서 훌륭히 표상된다.

신사와 부인과 아이, 이 세 명의 일본인을 보기 직전 "자신"은 "뮈세Alfred Louis Charles de Musset(1810~1857, 프랑스의 낭만주의 작 가—옮긴이)의 시집을 꺼내"서 "열심히 읽기 시작했"다. 그런데 한 줄 읽었을 때 "갑자기 내 이름을 부르는 소리에 돌아보"면서 프랑스어 텍스트를 읽는 행위가 중단되었다고 한다. 이 부분은 언어론적 혹은 텍스트론적으로 아주 중요한데, 주오코론 출판본에서는 삭제되었다.

뮈세의 프랑스어 시를 읽는 독서행위, 이 행위야말로 자신의 "신체"뿐 아니라 "두뇌"까지 "엉망진창으로 야만스럽게 만들어" 져가는 것에 대한 필사적인 저항이다. 이 필사적 저항이 중단되는 지점에 세 명의 일본인을 일본어로 묘사하는 내용이 삽입되고 다시 한 번 뮈세의 시가 인용된다. 이러한 텍스트 형식이야말로 《악감》이라는 텍스트가 가지는 언어론적 핵심인데 이 문제에 대해서는 후술하겠다.

"나"는 "싱가포르" 항구에서 만난 일본인 세 명의 모습에 "기가 막"히고 만다. "서방 유럽"에서 "서양화된 일본인만 오랫동안 보던" "내" 눈앞에 나타난 세 명, 특히 신사와 부인, 이 두 어른의 너무나도 "순수 내지內地적(제국일본의 본토, 즉 현재의 일본을 뜻하므로 이 문장에서는 '일본적'이라고 해석할 수 있다. 대립적 개념인 '외지外地'는 식민지 및 점령지를 뜻한다—옮긴이)인 두 사람의 모습"이 "나"에게는 "신기하게 보"인 것이다.

이러한 표현을 통해 몇 겹이나 중첩된 인종차별주의가 하나의 자연스러운 감수성으로 자리 잡고 있다는 사실을 알 수 있다. 어쨌든 "순수 내지적" 인간이었던 일본인이 서양에 가서는 "서방 유럽"에서 "순수" 서양인을 철저히 모방한다. 처음에는 의식적이었던 모방이 점차 무의식적으로 바뀌면서 생활습관이 될 정도로 반복한 결과, 그 일본인은 "서양화된 일본인"이 된다.

그래봤자 "서양화된 일본인"에 불과할 뿐인데 점차 "자신"이 "순수" 서양인이 된 듯한 착각에 빠져 "순수 내지적" 인간의 모습을 망각해버렸기 때문에 "순수 내지적" 인간들이 "신기하게 보"인다. 하지만 그들의 모습이 다름 아닌 "내" 자신의 모습이라는 사실을 깨닫게 된다.

"서양"과 "내지"(일본) 사이에서 "자신"이라는 주체의 위치가 흔들리고 있는 모습이 수차례의 반전을 거듭하는 아이러니로 묘사되고 있다.

이렇게 흔들리는 기분과 감정이 "나"에게 존재하던 "현대 일본에 대한 악감정"을 "더욱 혼란"스럽게 만든다.

신사의 나이는 오십 줄에 접어들어 지나의 무역지에서 인도에 이르는 식민지 유행을 따라 헬멧 풍의 모자에 깃을 세운 흰 옷을 입고 있고, 튼튼한 골격에 떡 벌어진 어깨, 목은 두텁고 넓은 면적의 얼굴에는 광대뼈가 도드라지고 자랄 대로 자란 수염은 새우 수염처럼 좌우로 불뚝 솟아 있어서 전체 모습이 가시 돋치고 모나게 보인다. 피부는 햇빛에 그을려 붉은 동색으로 빛나고 턱과 볼에 난 깎지 않은 덥수룩한 수염에는 바다표범의 등처럼 한 면에 바늘이 돋아 있다. 콧소리가 섞인 북방 사투리가 도회지의 경박함에는 조금도 감화되지 않겠다는 의지를 보여주듯 완전히 보존되어 있을 뿐 아니라 타고난 목소리는 사관이나 순사와 같아 호령과 질타에는 이 이상 어울릴 만한 목소리가 없을 정도로 안성맞춤인데 높고 강하고 굵고 날카롭고 시끄럽고 대화 상대방을 머리부터 제압하듯 울려퍼진다. 동시에 사상은 매우 단순하고 그래서 판단력이 명쾌 신속하리라 상상된다.

이 인용문에서 쓰인 문학적 수법은 대단히 전략적이다. 통상 오리엔탈리즘과 인종차별주의적 담론은 "동양인(오리엔탈)"에 대해 사용되는 언어 시스템 속에서 부정적 가치를 표상하는 언어로 표상하기 마련이지만 이 인용문은 그렇지 않다.

인용문을 구성하는 언어 대부분은 "대일본제국"에 적합한 남성상을 구성하는 긍정적 언어들이다.

그러나 전형적 남성상을 서술하는 개념 속에 몇 가지 부정적 개념을 슬쩍 끼워 넣고는 그 개념 앞에 "악감정"이라는 단어를 배치함으로써 긍정적 남성상에 대한 언어 시프트 전체를 뒤엎고 있다.

우선 복장의 묘사부터 살펴보면 "식민지 유행을 따라"하고 있기 때문에 이는 긍정적 가치에 속한다. "헬멧 풍의 모자"나 "깃을 세운 흰 옷"은 "내지"의 독자 공동체에게는 충분히 동경의 대상이 된다.

신체적 특징과 얼굴 역시 충분히 남성다운 특징으로 묘사되어 기본적으로는 긍정적 가치에 속하는 언어로 묘사되었다고 할 수 있다. 단 소설의 화자가 받은 인상에 대한, "전체 모습이 가시 돋치고 모나게 보인다"라는 표현이 부정적 가치를 포함하는 정도다.

'언어'에 대해 묘사한 "도회지의 경박함에는 조금도 감화되지 않겠다는 의지", "타고난 사관이나 순사와 같"은 "목소리"라는 표현 또한 대일본제국의 남성다움을 담보한 긍정적 가치로 묘사되어 있다. "호령과 질타"야말로 대일본제국의 남성중심적 단일성 사회에서 가장 지배적인 '언어'와 "목소리"의 제모습이기 때문이다.

"판단력이 명쾌 신속하"다고 표현된 "사상" 역시 충분히 긍정적 가치를 지닌다고 볼 수 있다. 부정적 뉘앙스는 바로 앞에 이어진 문장에서 "매우 단순하"다는, 일종의 경멸의 감정이 담긴 짧은 문장이 있을 뿐이다.

즉 앞서 인용한 문장은 90퍼센트 이상 긍정적 가치를 표현하는 언어로 구성되어 있다. 그럼에도 불구하고 인용 부분 직전에 쓰여 있는 "일본에 대한 악감정"이라는 표현과 아주 조금밖에 삽입되지 않은 부정적 가치표현이, "대일본제국"의 독자공동체 속에 이미 형성되어 있었을 긍정적 남성상에 관련된 어휘와 통사統辭시스템 전체를 한꺼번에 뒤집었다.

여기에서 《악감》이라는 텍스트의 중요한 전략을 알 수 있다. 즉 "대일본제국"의 독자공동체가 공유하고 있을, "우리들"을 인지하기 위한 긍정적 가치를 표상하는 언어 시스템을 일단 환기시키면서 그 "우리들"이 공유하는 가치체계 전체를 한꺼번에 뒤집는다는 것이다.

야만을 체현하는 어머니와 아이

이 전략을 작가 나가이 스스로가 제대로 자각하고 있었다는 사실은, "고등사범학교"를 나와 "2년 정도 광동성의 무슨무슨 학당의 교관을 지낸" "신사"라는 묘사 뒤에 나오는 "서너 살짜리 아이"와 그 어머니인 "부인"을 둘러싼 작은 사건의 묘사 속에서 알아낼수 있다. "신사"가 자랑삼아 "우리 제국의 진보"에 "서양인"이 "몹시 놀라고 있다"는 이야기를 득의양양하게 하고 있을 때 다음과 같은 작은 사건이 일어난다.

이야기 도중 갑자기 아이가 울기 시작했다. 오줌을 싸서 짜증났기 때문이다. 빨간 모슬린 끈을 뒤로 묶고 소매 없는 통자옷을 입고 있는데 옷자락이 축축이 젖었고 오줌은 신을 신지 않은 아이의 맨발에 흘러내려 갑판에까지 흐르고 있다. 아이는 체독의 종기 자국을 남긴 문어와 같은 커다란 머리를 흔들며 콧물을 흘리면서 작은 눈의 얼굴로 입을 쫙 벌리고는 어머니를 향해 선 채로 운다.

그래도 어머니는 아이가 오줌을 싼 것은 알아차리지 못한 채 단지 울음소리에 놀라 마치 전화교환국의 여자교환수가 벨소리에 반응해 습관적, 기계적인 목소리로 힘없이 번호를 묻듯 "왜 그래요? 도련님, 자 **맘마**"라고 한다. 하지만 아이가 여전히 꼼짝없이 선 채 울음을 그치지 않자 어머니는 많은 남자들 앞에서 부끄러워하는 기색도 없이 대충 입은 홑옷의 옷깃을 풀어헤쳐 검푸른 피부색의 축 쳐진 젖을 손으로 꺼냈다.

나는 다시 외면했다.

우선 이 작은 사건을 구성하고 있는 여러 요소들이 대수롭지 않은 일처럼 꾸며져 있지만 역시 지극히 전략적으로 선택되었다고 생각할 수밖에 없다.

이 작은 사건은 "아이"가 공교롭게도 "선 채로" "오줌"을 "싸"버린 것과, 이를 모른 채 어머니가 "자 맘마"라고 하며 앞에 사람들이 있는데도 아무렇지도 않게 옷의 "깃을 풀어헤쳐 검푸른 피부색의 축 쳐진 젖을 손으로 꺼"내는 것, 두 가지 행위로 구성되어 있다.

실은 이 두 가지 모두 메이지유신 직후 아직 "대일본제국"이 되기 전의 일본 및 일본인의 야만성을 상징하는 행위다.

서민들이 장소를 가리지 않고 서서 소변을 보는 것과 사람들 앞에서 아무렇지도 않게 옷깃을 풀어헤치면서 부끄러워하지 않는 모습이 메이지 초기 일본 정부에 초빙, 고용된 외국인들의 눈에는 지독한 야만성의 상징이자 문명성 결여의 상징으로 보였다. 실제로 메이지 신新정부는 메이지 5년(1872)에 길거리에서 소변을 보거나 사람들 앞에서 옷을 벗는 행위 등을 이상하리만큼 세밀한 경범죄로 규정, 금지하여 경찰의 단속 대상으로 삼았다.

성별차로 보는 문명과 야만

더욱이 이 두 가지 행위를 연결하는 또 하나의 행위가 문명화에 대한 일본 및 일본인들의 열등감을 한층 더 뚜렷이 상징한다. 바로 "서너 살짜리 아이"가 울기 시작했음에도 불구하고 어머니가 거의 반사적으로 "자 맘마"라면서 갓난아기에게나 건넬 법한 3음절의 의성어/의태어로 말을 걸며 "젖을 손으로 꺼냈다"는 행위다.

즉 "서너 살"이라도 "아이"가 보채면 "젖"을 물려서 달래는 행위가 이 어머니에게는 당연하다는 사실이 독자들에게 제시되어 있다.

청일전쟁 직후부터 하쿠분칸을 비롯한 많은 출판사들이 중산계급 이상의 가정주부들을 대상으로 한 다양한 매뉴얼 책을 간행했다. 그 책에는 아이들의 젖떼기와 이유식에 관한 의학박사들의 글이 자주 실렸다. 서양에 비해 일본에서는 젖떼기가 너무 늦어 네댓 살까지도 젖을 물리는 경향이 있는데, 아이들의 자립심 형성에 지장을 주니까 어머니들은 가능한 빨리 젖을 떼고 이유식으로 바꿔야 한다는 논지의 글들이다.

덧붙이자면 화장실에 가서 스스로 대소변을 가릴 수 있어야 할 "서너 살"이 되었음에도 "오줌"을 "싸"고 울기만 하는 이 "아이"의 상태는 의학박사들이 지적한, 빠른 젖떼기를 통한 자립심 형성에 실패했음을 보여준다.

그리고 화자인 "나"의 시선은 "아이"가 "맨발"이라는 점을 놓치지 않는다. "맨발" 역시 '나체'와 마찬가지로 대표적인 야만의 상징이다.

여기까지는 당시 "대일본제국"의 독자 공동체에 속한 사람이라면 누구나 알 만한 정도의 문명과 야만이라는 이항대립이라 할 수 있다. 하지만 이 인용문에는 보다 고도의 장치가 설정되어 있다. "아이"와 "어머니"가 부모자식 간의 애정으로 맺어진 관계가 아니라 이미 남자아이가 여성인 어머니를 지배하는 관계로 설정되어 있음을 엿볼 수 있는 기술이 여럿 눈에 띈다.

어머니와 장남이 부모와 아이라는 애정의 관계가 아닌 주종에 가까운 관계로 맺어져 있다는 것은 "왜 그래요? 도련님, 자 **맘마**"라는 어머니의 말에 확실히 드러난다. 그런데 주오코론 출판사의 전집에 수록된 버전에는 이 문장에서 "도련님"이 삭제되어 있다. 보다 중요한 것은 "마치 전화교환국의 여자교환수가 벨소리에 반응해 습관적, 기계적인 목소리로 힘없이 번호를 묻듯"이라는 부분도 삭제되었다는 점이다.

"전화교환국의 여자교환수"란 메이지 40년대 초반(1907년에서 1910년경–옮긴이) 여성들의 최첨단 직업이었다. 《악감》 발표 한 해 전에는 전화교환국 국장의 아내가 강간으로 살해당한 이른바 "데바가메出齒亀 사건"이 세상을 떠들썩하게 만들기도 했다. 기계문명을 상징하는 전화의 그늘에서 사람의 실제 육성을 통한 대화가 사라져가는 상황을 상징적으로 엿볼 수 있다. 주오코론판에서 삭제된 이 문장에는 근대 들어 새삼 강화된 가부장적 제도 속의 어머니와 장남의 관계가 비판적으로 드러나 있다.

그리고 "많은 남자들 앞에서 부끄러워하는 기색도 없이" "젖을 손으로 쩌"내는 여자에 대한 묘사 역시 성적 상상력을 환기시킨다는 이유로 주오코론판에서 삭제되었다. 성적 상상력뿐 아니라 남자의 아내가 되고 장남의 어머니가 된 이 여자에게는 더 이상 여성으로서의 자의식과 수치심이 없다고 묘사되었다는 것도 하나의 이유였다.

두 번 '외면한' 얼굴

그리고 미세하긴 하지만 가장 의미 있는 삭제/변경은 "나는 다시 외면했다"라는 위 인용문의 마지막 문장이 주오코론판에서는 "나는 나도 모르게 외면했다"로 바뀐 점이다. 원문과 같이 "다시"라는 말이 붙어 있었다면 독자들은 모두 '그럼 처음에는 어떤 장면에서 외면했을까'라는 점에 주의를 기울이며 그때까지의 내용을 되짚어 '처음 외면한' 장면을 확인하려는 욕망에 사로잡힐 것이다. 그러나 "다시"가 "나도 모르게"로 바뀌면 '처음 외면한' 것과의 관계성은 더 이상 알 수 없어진다. 바로 이 단어 변경에서, 작가와 출판사의 담당 편집자가 패전 후에도 《프랑스 이야기》가 발매금지된 이유를 어떻게 해석했는지 알 수 있다.

독자들이 "다시"라는 표현의 명시적 지시에 따라 '처음 외면한' 장면을 《악감》이라는 작품 속에서 찾다보면 결정적 표현과 만나게 된다. 그것은 작품 속에서 가장 인종차별주의적인 표현 중 하나인데, 앞서 인용한 "아아, 싱가포르"라는 감탄사로 시작해 이곳이 "식민지"라고 인식한 직후에 나온다.

내가 앉아 있는 의자 앞을 더러운 털북숭이 정강이를 드러낸 맨발의 토인들이 왔다 갔다 하며 그림엽서나 보석, 과일 따위를 팔러 온다. 시꺼멓게 때가 낀 긴 손톱이나 두터운 입술 사이로 보이는 닦지 않아 더러운 이빨, 때투성이 가슴, 목덜미, 털북숭이 정강이 살은 실제 나로 하여금 이제껏 경험한 적 없는 일종의 공포심까지 들게 했다. 나도 모르게 <u>외면할 때마다</u> 화장이라는 것이 얼마나 아름다운지를 새삼 느꼈다 (밑줄은 인용자).

"내"가 물건 팔러 온 "더러운 털북숭이 정강이를 드러낸 맨발의 토인들"을 보는 시선은 어떻게 해석하든 간에 전형적인 인종차별주의적 시선임은 분명하다. 그들에 대해 가장 먼저 "더러운"이라는 말로 평가한 것은 하나의 언어체계에서 가장 뿌리 깊은 차별과 배제의 감정이 선행되었기 때문임을 알 수 있다.

"시꺼멓게 때가 낀 긴 손톱"과 "닦지 않아 더러운 이빨"은 근대 위생학 등 문명 사상이나 습관을 전혀 접해본 적도 없는 야만의 상징으로 묘사되어 있다.

"때투성이 가슴, 목덜미" 등의 표상 역시 "우리들"과는 다른 '그들', 문명과는 다른 야만을 상징하면서 틀에 박힌 부정적 가치 표현으로 기능하고 있다. 이러한 의미에서 위 인용문은 오리엔탈리즘의 표상을 충실히 드러내고 있다.

전형적 인종차별주의적 표현, 오리엔탈리즘적 표현의 연속 속에서 이러한 표상들에 주목하다보면 기이하다고도 할 수 있을 법한 일탈적 표현이 단 한 군데 눈에 띈다. 바로 "나도 모르게 외면"했다라는 문장 직전 부분이다.

인식과 감정의 전환

왜 "정강이"의 "털북숭이 살"이 "나로 하여금 이제껏 경험한 적 없는 일종의 공포심까지 들게 했"을까. "내"가 문명 측에 속해서, 즉 문명인으로서 "우리들"의 감정과 의식과 언어 시스템을 공유하고 있다면 "공포"스러울 필요는 없지 않은가. 경멸하고 혐오하고 업신여기면 그만이다. 그런데 왜 "공포"라는, 인간의 뇌가 아닌 동물의 뇌로 느끼는, 개체 보존을 위한 원시적 감정이 촉발되었을까.

인간을 포함한 모든 동물들은 동물 뇌의 기능으로 대뇌변록계에서 개체 보존을 위한 판단을 내린다. 자신과 적대관계일 수도 있는 타자가 자기보다 폭력적으로 강할 것 같으면 공포라는 감정을 품고 도망간다. 반대로 자기보다 폭력적으로 약하다고 판단되면 분노를 느끼고 공격성을 드러낸다. "더러운 털북숭이 정강이를 드러낸 맨발의 토인들", 게다가 관광객용 기념품을 팔러 온 "토인"에게 공포를 느낀다니 대체 어떠한 연유에서일까.

중요한 것은 "때투성이 가슴, 목덜미, 털북숭이 정강이 **살**"이라는 표상이 나열되어 있다는 점이다. "나"의 시점은 "살"에 집중되어 있다.

이러한 나열로 인해 앞서 인용한, "인간이 아니라 단지 검고 더러운 살덩어리"로밖에 보이지 않던 "노동자"들의 **"움직이는 팔다리의 근육"**이 "무거운 짐을 질 때마다 소나무의 혹처럼" 되는 것을 보고 "공포를 느꼈다"는 감정과의 관계가 확실해진다.

"공포"라는 감정과 함께 "나"는 "동양이라는 곳은 실로 참혹한 곳이다, 참혹한 육체노동의 나라라고 느꼈다"는 것이다.

단순한 "살덩어리"로 보던 대상을 같은 "인간"으로 보게 되면서, "살덩어리"를 "더럽다"고 느끼던 "나"와 그들이 같은 "동양"에 속하는 "인간"이라고 느끼는 지점으로 인식이 연쇄적으로 전환된다. 즉 "동방 대일본제국"과 "내"가 소속되어 있는 "동양"에 대한 인식이 전환된다는 것이다,

"쓰는 인간"이자 "오리엔탈리스트"였던 "내" 자신도 어느 순간 "동양인(오리엔탈)"이라는 점을 깨닫고 마는 연쇄적 인식과 감정의 전환, 이 아이러니컬한 전환이 《악감》이라는 작품의 기본 구조임이 분명해진다.

즉 "내"가 "토인"에 대해 경멸과 혐오를 응축시켜 "더럽다"고 표현한 감정에 기반을 둔 시선이 바로 "나"에 대한 "서방 유럽"의 시선임을 깨달아버린 그때 "나도 모르게 외면"한 것이다.

어머니가 "홑옷의 **옷깃**을 풀어헤쳐" "검푸른 피부색의 축 쳐진 젖을 손으로 꺼"낸 직후에 "외면"했다는 것은 "가슴"과 "옷깃"이 라는 서로 같은 신체적 부위로 표현한 것을 보더라도 "내"가 일본 인 어머니와 "토인"을 완전히 같은 시선으로 보고 말았다는 것을 뜻한다. 이러한 뜻이 "다시 외면했다"라는 표현에서 보다 노골적 으로 드러난다. 그래서 "다시 외면했다"라는 문장이 발매금지의 이유라고 판단했고 주오코론판에서는 "나도 모르게 외면했다"라 는, 보다 암시적인 표현으로 바꾸지 않았을까. 하지만 글의 구조 자체는 바뀌지 않았다. 여기에 검열에 대한 편집자와 작가 사이의 미묘한 갈등과 타협의 흔적이 남아 있다.

동시에 《악감》이라는 작품은 사이드가 제기한 "문화적·종교적· 인종적 차이가 사회=경제적, 정치=역사적 카테고리보다 중요하 다고 할 수 있을까"라는 물음에 명확한 답을 제시하기도 한다. "사 회=경제적, 정치=역사적 카테고리"가 더 중요하다는 답을.

"일본의 부인"에 대한 혐오

우선 "사회=경제적" 카테고리에 대해 생각해보자. 다른 문화, 다른 인종으로서 "영국령 식민지"인 "싱가포르" "토인"인 성인 남 성이 "동방 대일본제국"이라는 "문명"국의 여성, 아이와 등가에 놓인다.

삭제된 "나는 다시 외면했다"라는 표현에서, "나"라는 일본인이 싱가포르의 "토인"을 볼 때와는 전혀 다른 인종차별주의적 시선으로 같은 일본인 교육가의 "아내"와 그 "아이"를 보고 있음을 알 수 있다. 물론 이 시선은 이미 인종차별주의적일 뿐 아니라 같은 인종에 대해서는 성차별적이기도 하다. 이러한 시선을 노골적으로 드러내는 텍스트는 인종차별주의와 성차별주의 담론의 공범성을 폭로시킨다.

"아이"가 오줌을 싼 것을 선원에게 들어 안 "아내"의 반응을 묘사하는 부분에서도 같은 특징이 나타난다. 주오코론판에서 "그 부인은 얼굴을 붉히지도 당황하지도 않고 푸석푸석한 올려묶은 귀밑머리가 바람에 날리는 것을 만지작거리며 "자 타로 군, 이리 오렴"이라고 할 뿐"이라고 쓰여 있는 부분이다. 그런데 발매금지 처분을 받은 초판에는 다음과 같이 표현되어 있었다.

> 주위 사람들이 말해줘서 안 부인은 얼굴을 붉히지도 당황하지도 않고 놀라지도 않는데다가 불쾌하거나 화난 모습도 보이지 않고 푸석푸석한 올려묶은 귀밑머리가 바람에 날리는 것을 만지작거리며 "자 애야, 엄마한테 오렴"이라고 말할 뿐……

언뜻 보기에는 같은 표현으로 보이지만 전혀 다르다. 특히 중요한 것은 "놀라지도 않는데다가", "불쾌하거나 화난 모습도 보이지 않고"라는 부분이 삭제되었다는 점이다. 초판에서는 이 "부인"에게 "놀라움", "불쾌", "분노"라는, 인간으로서 당연히 지니는 감정과 정동情動의 움직임이 결여되어 있거나 빼앗겨버렸다는 사실이 명시적으로 서술되어 있었다.

게다가 "놀라움", "불쾌", "분노"라는 감정의 움직임은 인간의 감정 중에서도 매우 원시적인 것으로 스스로의 개체보존을 위해 필수불가결하다. 이러한 감정이 결여되어 있거나 빼앗겨버렸다는 것은 "부인"이 의식과 정신뿐 아니라 신체까지도 노예화되었음을 증명한다.

물론 "부인"을 노예화하고 그녀에게서 정신과 감정을 지니고 숨쉬는 인간의 여성으로서의 삶을 빼앗은 것은 "착한 교육가"인 남편과 장남임을 쉽게 알 수 있는 "타로太郎"*라는 이름의 "아이", 이 두 명의 남자다.

정신과 감정을 지니고 살아야 하는 인간의 근본적 삶이 파괴되었음은 다음과 같은 표현에서도 명확히 드러난다.

배나 기차 등 이러한 활동적 기관에 대해서는 선천적으로 무의식적 공포를 갖고 있는 일본 부인들은 아무것도 할 기운도 없다. <u>부엌에 개구리처럼 쭈그리고 앉아 무언가를 씻거나 화톳불 건너편에 다리를 옆으로 모으고 앉아 턱을 괸 채 벼룩에게 뜯겨가며 졸면서 남편의 귀가를 기다</u>

---

* [옮긴이주] 일본에서는 아들에게 태어난 순서를 한자로 쉽게 알 수 있는 이름—장남에게 '타로太郎', 차남에게 '지로次郎', 삼남에게 '사부로三郎'—을 붙이는 풍습이 있다. 한국에서 예전에 '일식, 이식, 삼식' 등의 이름을 순서대로 붙인 것과 유사하다.

<u>리는 운명으로 길러진 신체</u>는 항상 바람에 소매가 걷혀 올라가는 의자에 앉아 있는 것만으로도 심히 기력이 쇠해지고 만다(밑줄은 인용자).

밑줄 부분은 주오코론판에서 모조리 삭제되었다. 삭제 부분은 "대일본제국"의 "내지"에 사는, "남편"의 "아내"가 될 "운명"인 "일본의 부인"들의 "신체"를 그린 문장이다. "부엌의 개구리처럼 쭈그리고 앉아" 있는 "신체"의 자세는, 이 문장의 전반부에서 대폭 삭제된 부분에 있었던 "민달팽이가 기어 다니는 수채통"과 대응관계에 있는 표현이다. "일본의 부인"들이 "민달팽이"와 등가인 "개구리"로 비유되고 있는 것이다.

"싱가포르" "토인"들에 대한 인종차별주의적, 전형적 오리엔탈리즘적으로 타자를 혐오하는 표현들이 "우리들"을 구성하는 "일본의 부인"에 대한 성차별적 표현으로 바뀜으로써 "대일본제국"의 여성차별에 대한 불쾌함을 확실히 드러낸다.

"우리들"과 "그들"의 전도

그러다 갑작스런 소나기를 만나 "나"는 선실로 돌아간다. "푹푹 찌는 듯한 더위" 속 선실이지만 "나"는 갑판으로 돌아갈 생각을 하지 않는다. 교육가와 그의 "부인"과 아이가 보기 싫기 때문이다. 선실의 "나"는 다음과 같이 인식하기에 이른다.

적은 머리숱에 더러운 이빨, 핏기 없는 부인의 얼굴은 <u>일본이라는 나라에서는 화장 기술을 천시하고 용모를 평론하는 것을 용서치 않으며 어떠한 연애의 환락도 부정하며 여자들은 모두 러시아를 정벌할 미래의 병졸을 낳아야 하는 번식기계에 불과하다는 것을 내게 암시하듯 납득시키는 듯 보인다</u>(밑줄은 인용자).

주오코론판에서는 밑줄 친 "일본이라는 나라"가 "동양이라는 곳"으로 바뀌었다. 이는 결정적 전환이다.

원래 《악감》이라는 텍스트에서는 "대일본제국"의 성차별을 문제 삼았는데 문제의 대상이 "동양" 일반으로 바뀐 것이다. 이어 "러시아"가 "적국"으로, "미래의 병졸을 낳아야 하는 번식기계"가 "미래의 병졸을 산출하는 기계"로, 어느 정도 일반적인 표현으로 바뀌면서 "암시"와 "납득"이라는 두 가지 극적 표현 또한 "교시"라는 용어로 의미가 완화되고 만다.

이렇게 바뀐 표현에서 작가와 편집자의 저항을 읽어낼 수 있다. "일본"이 "동양"으로 바뀌기는 했지만, "여자"가 "병졸을 산출하는 기계"라는 표현은 선전포고를 하고 국권을 발동시켜 전쟁을 할 수 있는 근대 국민국가에서만 가능하다. 구미 열강의 식민지 지배를 받고 있는 "동양"에서, "여자"들에게 "병졸을 산출"하는, 그러니까 낳는 성으로서의 성역할을 강요했던 곳은 부국강병정책을 펼치며 청일전쟁 이후 군국주의 국가의 길을 걷고 있던 "대일본제국"뿐이었다.

"여자"가 "미래의 병졸을 낳아야 하는 번식기계"로 비하되는 상황은 남자인 "교육가 선생"이 체현하는 "인의충효의 군자의 나라"에 의해 강요된 것이다. 여기에 근대 천황제가 한층 강화시킨 근대 천황제적 가부장 제도의 현실이 여실히 드러난다. "그들"을 타자로 그려내기 위한 인종차별주의적 오리엔탈리즘 등의 담론 시스템을 총체적 모순으로 반전시키면서 그 담론에 대한 욕망을 공유하는 "우리들"의 모습을 그려낸 것이다.

뮈세 시집이 상징하는 아이러니

번역할 수 없는 프랑스어

문제는 인종차별주의적 오리엔탈리즘 담론 시스템 그 자체에 내재되어 있다. 《악감》이라는 텍스트가 언어론적, 텍스트론적 담론 시스템을 표현하는 방식은 깊고도 날카롭다. 담론 시스템 전체가 아이러니컬하게 반전하기 직전에 주오코론 출판사에서 대폭 삭제한 부분이 있다. 바로 다음과 같은 표현이다.

선원들을 비롯한 일동은 의자를 천막 깊숙한 그늘로 옮겼지만 점점 퍼붓는 소나기에 결국은 어느 곳에도 있기 힘들어져 각자 선실 쪽으로 내려간다. 나는 혼자서 내 선실로 들어가 문을 닫자마자 읽다 만 시집을 손에 들고 마치 아버지의 기침소리에 방해받은 연인의 편지를 다시 읽기라도 하듯

Poète, prends ton luth et me donne un baiser

시인이여, 가야금을 들어 내게 주오. 입맞춤을……이라고 반복해서 읽어내려갔지만 두 번째 줄 첫 단어로 La fleur de l'èglantier라는 식물의 명칭이 나오는데 이것이 어떤 풀인지 나무인지 아무리 떠올리려 해도 생각나지 않는다. 창 밖에서는 다시 화물을 끌어올리는 기계의 굉음이 들려왔다. 인도에서 본 소나기의 풍경처럼 5분도 지나지 않아 맑게 갰는데 태양이 뜨자마자 또다시 들려오는 선창 위 토인들의 외침소리. 나는 한심하게도 해독하지 못한 프랑스어 철자를 뚫어지게 쳐다보며 선실에 앉아 있다.

이 인용문은 "내"가 "교육가 선생"과 그의 "부인"과 "아이"를 만나기 직전의, 주오코론판에서 삭제된 "뮈세 시집"의 한 줄에 대한 언급과 대응되는 부분이다. 여기에는 또 무슨 문제가 있었기에 삭제되었을까.

중요한 것은 처음에도 "나"는 시의 첫 구절의 "프랑스어 철자"를 처음 읽었을 때에도 다시 읽었을 때에도 일본어로 번역할 수 있었다는 사실이다. 그러나 처음 읽었을 때에는 첫 줄로 독서행위가 중단되어버렸던 것이다.

"교육가 선생"과 그의 "부인"과 "아이"에 대한 인종차별주의적 오리엔탈리즘을 계속 일본어로 표현해온 "나"는 그 불쾌감에서 벗어나기 위해 그야말로 "마치 아버지의 기침소리에 방해받은 연인의 편지를 다시 읽기라도 하듯" 뮈세의 시집을 다시 읽으려 했다.

다시 "반복해서"라는 부분에 이 작품의 기본적 의미가 각인되어 있음은 말할 나위도 없다.

하지만 "l'èglantier"라는 프랑스어 단어의 의미를 확실히 알아낼 수 없었다. "La fleur"라는 단어가 있기 때문에 "식물의 명칭" 중 하나임은 알 수 있었지만 그 이상은 알 수 없었다.

"내"가 알아차린 것은 "연인의 편지"와 같은 프랑스어의 텍스트를 읽는 데 필요한 프랑스어의 시스템이 나의 "두뇌" 속에서 무너져버렸다는 사실이다. 여기에 가장 깊은 언어론적 문제가 제시된다.

언어 시스템의 붕괴

"èglantier"는 "들장미"를 뜻한다. "내"가 "어떤 풀인지 나무인지"라며 괴로워한 것은 "들장미"가 관목 또는 저목低木이라서 나무와 풀의 중간에 위치하는 식물이기 때문이리라.

관목 혹은 저목을 정의내리기는 어렵지만, 통상 '나무'로 불리는 식물은 하나의 둥치에서 둥치보다 가는 가지로 나뉘고 사람 키보다 훨씬 높이 성장한다. 이에 비해 관목 혹은 저목은 다 커도 사람 키 정도밖에 되지 않고 뿌리에서 계속 많은 새 줄기가 나오기 때문에 '풀'로 보이는 식물의 총칭으로도 쓰인다. "어떤 풀인지 나무인지"라며 괴로워하는 행위 속에는 예전에 "èglantier"라는 단어

와 실물과의 관계를 인지하고 있었을 "나"의 기억방식이 표상되어
있다.

　그러나 그 실물, 즉 식물이 "아무리 떠올리려 해도 생각나지 않
는" 사태는 분명 이미 한번 형성되었던 프랑스어의 언어 시스템
이 이때 "내" 속에서 무너져버렸음을 날카롭게 표상한 것이다.

　프랑스어 네이티브 몇 사람에게 물어봤더니 "églantier"라는 단
어는 전문용어나 학술용어가 아니라고 한다. 그렇지만 단어로는
알고 있더라도(내가 가르치는 대학에 유학하는 프랑스인 대학원생의
초등학교 이름에 "églantier"가 붙어 있다고 한다) 어느 정도 식물에 대
해 지식이 있거나 식물을 좋아하지 않으면 바로 실물을 떠올리기
는 어렵다고 한다. 통상 "들장미"는 프랑스어로 표현할 때도
"rosier sauvage"="야생의 장미"라고 하기 때문이다.

　그리고 가톨릭의 성모마리아상 발밑에 하나의 상징으로 새겨
져 있는 "들장미"를 "églantier"라고 표현한다고도 하니, 나름 가
톨릭 문화권인 프랑스어의 기억과 밀접히 연관되어 있는 단어인
듯하다.

　"églantier"라는 단어는 뮈세 시의 두 번째 줄에 우연히 나타난
단어인 듯하면서도 기억의 총체와 관련되는 언어 시스템의 붕괴
를 상징하는 도구로 아주 전략적으로 선택되었음을 알 수 있다.

오리엔탈리즘의 전도

여기서 제2부에서 분석한 오리엔탈리즘 담론의 특징에 대한 규정을 떠올려보자. 나는 오리엔탈리즘 담론은 사이드가 말한 "쓰는 인간"="필기자"가 "특정 언어 시스템을 성립시키는 가치평가를 수반하는 이항대립적 언어 시프트에서 부정적, 소극적 가치를 지닌 언어를 골라 '쓰이는 인간'='주제'에 맞춰 쓰기만 하면" 되는 일에 불과하다고 정의했다.

그리고 "'쓰는 인간'='필기자'가 '쓰이는 인간'='주제'에 대해 자신들이 사용하는 특정 언어 시스템의 이항대립적, 부정적 가치평가 기준을 맞춰 쓰면 쓸수록 확실히 표현하지 않더라도 본인들은 긍정적 가치평가 기준을 획득할 수 있게 된다"고도 했다.

지금까지 밝혀온《악감》이라는 텍스트에서는 바로 이 표현이 그대로 나타나 있다. 그러나 마지막이 결정적으로 달랐다. "쓰는 인간"="필기자"로서 "나"는 "긍정적 가치평가 기준을 획득할 수" 없었던 것이다. "왜?"일까.

이 수수께끼를 풀기 위한 열쇠가, "églantier"라는 단어가 대체 어떠한 식물을 표상하는지 그 재再=현재現在 표상이 불가능해졌던 사건 속에 포함되어 있다.

답은 간단하다. "나"는 일본어라는 언어 시스템에서 오리엔탈리즘을 실천해버렸기 때문에 일본어라는 시스템 그 자체에게 배신당하고 만 것이다.

그러나 이 간단한 답에는 굉장히 복잡한 언어론적 그리고 텍스트론적 설명이 필요하다. 우선 문제가 된 이 뮈세의 시집을 처음으로 언급했던 장면의 의미를 다시 한 번 곰곰이 생각해보자.

일본어와 프랑스어 사이

당초 "나"는 "영국령 해협 식민지의 선착장 싱가포르"에서 본 "화물선, 토인, 노동자", "더러운 털북숭이 정강이를 드러낸 토인"에 대한 혐오감을 부정적 가치평가를 수반한 일본어로 계속 뱉어냈다. 그러나 이 부정적 가치평가와는 반대로 긍정적 가치평가의 대립항이 쌓여가는 "우리들"의 영역은 "유럽"이자 "파리"였다. 혹은 "유럽의 공기를 호흡한" "내"가 속하는 "우리들"이었다.

그러나 부정적 가치평가를 수반하는 일본어를 "싱가포르"의 "토인"에게 계속 대응시킨 "나"는 "이젠 안 된다", "'동양'이라고 하는 야생의 힘이 눈에는 보이지 않지만 이미 몸 안에 스며들어" 버려서 "세련되어진 두뇌까지" "엉망진창으로 야만스럽게 만들어 갈 것 같은" 위기감에 시달린다. 그리고 "나"는 "내"가 "마치 망해가는 종족의 마지막 한 사람인 듯" 궁지로 몰리는 "마음"으로 "뮈세의 시집"을 주머니에서 꺼내 "슬픈 듯 그러나 열심히 읽기 시작"한다. 그리고 앞서 인용한 한 줄만 원문으로 읽고는 머릿속에서 일본어로 번역한 후 "배의 사무장"에게 "한 신사와 서너 살짜리 아이를 데리고 있는 그 부인"을 일본어로 소개받은 것이다.

즉 "뮈세의 시집"을 처음 읽고 있을 때의 "나"는 프랑스어의 언어 시스템과 일본어의 언어 시스템 사이를 자유로이 넘나드는 언어능력, 즉 번역할 수 있는 능력을 갖고 있었던 것이다.

텍스트론적으로 말하자면 "뮈세의 시집"을 처음 읽을 때의 "나"와 두 번째 읽을 때의 "나"는 완전히 다른 존재로 텍스트에 구조화되어 있다는 것이다.

언어론적으로 말하자면 "뮈세의 시집"을 처음 읽을 때까지의 "내"가 "싱가포르"의 "토인"을 "쓰이는 인간"="주제" 삼아 뱉어냈던 일본어는, 프랑스어의 언어 시스템 속의 부정적 가치평가를 수반한 언어를 번역한 일본어였다는 것이다. 따라서 프랑스어의 언어 시스템 속 "우리들"의 일원으로서 "나"의 위치는 정해져 있었다는 말이다.

그러나 아무리 프랑스어의 언어 시스템을 번역한 일본어였다고 하더라도 일본어를 계속 사용하면 할수록 언어 시스템 자체는 일본어의 언어 시스템을 벗어나지 못하게 된다.

그래도 오리엔탈리즘의 담론이 성립할 수 있었던 이유는 "내"가 귀속하는 곳이 어쨌든 간에 러일전쟁으로 구미 열강과 어깨를 견주게 된 "일등국"이라는 환상을 품을 수 있는 "대일본제국"이며 어디까지나 "쓰이는 인간"="주제"는 "싱가포르"의 "토인"이라는 것, 이 한 가지밖에 없다.

그런데 "한 사람의 신사와 서너 살짜리 아이를 데리고 있는 그 부인"을 "쓰이는 인간"="주제" 삼아 오리엔탈리즘 담론을 일본어로 뱉어냄으로써 상황이 완전히 달라진다.

처음에는 프랑스어를 번역한 일본어였을지도 모른다. 하지만 그 일본어가 오리엔탈리즘 담론을 거듭 뱉어내며 "대일본제국"에 귀속되는 일본인을 "쓰이는 인간"="주제"로 삼는 이상, "쓰는 인간"="필기자" 또한 같은 일본인이라는 인식이 담론의 양에 정비례하여 강해진다.

요컨대 일본인에 대한 오리엔탈리즘 담론을 일본어로 표현하면 할수록 그 담론의 대상은 그 담론을 표현하는 본인이 된다는 말이다. 텍스트론적으로 말하자면 《악감》이라는 텍스트 전체를 통해 "쓰이는 인간"과 "쓰는 인간"이 동일화된다는, 오리엔탈리즘 담론의 가장 궁극적인 아이러니가 연출된다.

일본어로 오리엔탈리즘 담론을 계속 쓰면 쓸수록 "나"는 "그들"이었던 "한 사람의 신사와 서너 살짜리 아이를 데리고 있는 그 부인"과 겹쳐지며 같은 일본인이라는 틀에 포함되어버린다.

오리엔탈리즘 담론을 잇달아 써낸 일본어는 더 이상 프랑스어를 번역한 일본어가 아니라는 것을 "églantier"라는 단어를 번역할 수 없게 된 상황으로 설명한다.

"영국령 해협 식민지"인 "싱가포르"의 "토인", "더러운 털북숭이 정강이를 드러낸 토인"들에 대한 철저한 인종차별주의적 담론, 오리엔탈리즘 담론을 "동방 대일본제국"의 언어인 일본어로 계속 써내려감으로써 "유럽의 공기를 호흡한" "나"의 "시와 음악으로 세련되어진 두뇌"마저 "엉망진창으로 야만화"되어버리고 "프랑스어의 철자"를 해독하지 못하게 되는 과정, 이것이야말로 《악감》이라는 텍스트가 가지는 본질이다.

교육칙어와 틀에 박힌 담론

또한 《악감》은 신체의 형상과 피부색으로 "그들"을 차별화하고 "우리들"이라는 공범관계를 구축하려고 하는 인종차별주의(레이시즘)의 욕망 그 자체가 이러한 담론의 배후에 존재한다는 것을 폭로한다. "교육가 선생"의 얼굴과 큰 목소리를 "메이지의 문명국"이자 "인의충효의 군자의 나라"의 상징으로 느낀 직후가 중요하다.

주오코론판에서 "지금부터 열흘 이내에 나는 그 나라 땅을 밟아야 한다. 그리고 좋든 싫든 전통적 습관에 복종해야만 한다"라고 바뀐 부분은 원래 다음과 같은 표현이었다.

지금부터 열흘 이내에 나는 그 나라 땅을 밟아야 한다. 그리고 좋든 싫든 다리가 짧고 허리가 길고 피부색이 검고 광대뼈가 튀어나온 조상이 조직한 전통적 습관에 복종해야만 한다. ……

밑줄 부분이 주오코론판에서 삭제되었다. 이 표현은 일본인을 비롯한 아시아인에 대한 가장 전형적인 인종차별주의적 언어다. 웃음이 터질 정도로 단순화된 아시아 사람들에 대한 "서방 유럽"적 고정관념에 다름없다. 이러한 인종차별주의적 고정관념의 표현이 무엇을 형용하고 있는지가 중요하다.

바로 "조상"이다.

그 순간 "서방 유럽"의 웃음이 터질 정도로 틀에 박힌 고정관념의 표현이 "동방 대일본제국"의 언어 시스템에서는 갑자기 날카로운 비평성을 띠기 시작한다. 그것은 "교육가 선생"이 "인의충효의 군자의 나라"의 "교육"을 대리표상(리프레젠테이션)하기 때문이다. 《악감》이라는 텍스트의 동시대 독자들이라면 누구나 1890년에 나온 '교육칙어敎育勅語' *를 줄줄 암기하고 있었을 테니 틀림없이 이러한 표현의 배경으로 '교육칙어'의 다음과 같은 문장이 뇌리에 떠올랐을 것이다.

짐이 생각하건데 우리 황조황종皇祖皇宗이 나라를 세우심이 넓고 원대하고 덕을 세우심이 깊고 두터웠다. 나의 신민臣民들이 지극히 충성스럽고 효성스러워 온 백성이 마음을 하나로 하여 대대로 그 아름다움을 다한 것은 우리 국체国体의 정화이며 교육의 연원 또한 이에 있다.

'교육칙어'는 모든 '대일본제국 신민'에게 "조상이 조직한 전통

---

* [옮긴이주] 메이지유신 이후 일본 정부의 교육방침을 명기한 칙어. 1890년에 발표되어 1948년에 폐지되었다.

적 습관에 복종"할 것을 천황의 이름으로 명한 것이다. "조상"이란 다름 아닌 "황조황종"이다. "황조"란 천황의 시조 즉 초대천황으로 신화의 세계로까지 거슬러 올라가면 아마테라스 오미카미天照大神, 신화를 배제하면 진무神武천황이고, "황종"은 2대 이후의 역대 천황을 지칭한다. 그러니 "황조황종"이란 "조상" 그 자체다.

물론 "황조황종"이라는 표현은 '교육칙어'가 나오기 1년 전인 1889년에 제정된 '대일본제국헌법' 제1조 "대일본제국은 만세일계의 천황이 이를 통치한다"와 밀접히 연관되어 있음은 말할 필요도 없다.

담론상 힘의 관계의 해체

지금까지의 분석으로 《악감》과 《프랑스 이야기》 등이 발매 금지가 된 이유는 충분히 밝혀졌으리라 생각한다. "황조황종"을 "다리가 짧고 허리가 길고 피부색이 검고 광대뼈가 튀어나온 조상"이라고 했으니 《악감》은 불경不敬소설 바로 그 자체다.

그러나 《악감》이 언어론적, 텍스트론적으로 중요한 이유는 불경소설이라서만이 아니다. 프랑스어와 일본어라는 이질적 언어 시스템 사이의 번역이라는 소재로 인종차별주의, 오리엔탈리즘의 담론을 펼칠 때, "우리들"과 "그들"이라는 안정적인 비대칭적 담론상의 힘의 관계가 소리를 내며 무너져내린다는 것을 보여준다.

바로 이것이 《악감》이 보여주는 충격이다. 그리고 이 충격은 무엇보다 《악감》의 독자들을 완전히 뒤흔들었다.

《악감》의 독자들은 일단 "나"라는 표현주체와 공범관계를 형성한다. 그리고 "문명국"에 귀속되는 "우리들"로서 "더러운 털북숭이 정강이를 드러낸 토인"들을 "그들"로 차별한다. 이러한 인종차별주의적 표현을 통해 "동방 대일본제국"에 속하는 자신들의 "문명"성을 확인하는 쾌락을 제공받는다. 독자들은 처음에는 안심하고 《악감》에 몸을 맡기고 읽다가, "교육가 선생"과 그 처자를 "토인"에게나 쓰던 인종차별주의적 표현으로 묘사하는 부분에 당도하면 망설이게 된다. "교육가 선생"과 그 처자는 "우리들"일까 아니면 "그들"일까라고 말이다.

하지만 그 망설임은 순식간에 사라져버린다. "교육가 선생"에 대해서는 교육가라고 해봤자 도호쿠東北지방의 시골뜨기니까 "그들"에 가깝다는 식으로, '대일본제국' 내의 중앙과 주변을 구별 짓는 차별화 도식을 도입해 "교육가 선생"을 "그들" 쪽으로 밀어낼 수 있기 때문이다.

이렇듯 "나"와 공범관계를 형성했다고 여기고는 안심하고 《악감》이라는 일본어 텍스트를 읽고 있던 독자들이 결국 "그들" 쪽으로 밀려나버리는 순간, 《악감》이라는 텍스트가 불경소설이라는 사실을 실감한다.

"우리들"을 무너뜨리다

"영국령 해협 식민지"인 "싱가포르"의 "토인"에 대해 "그들"로 노골적인 인종차별주의적, 오리엔탈리즘적 담론을 펼친 《악감》은, 초반에는 독자들을 "우리들"의 일원으로서 화자가 사용하는 일본어 시스템으로 불러들여 공범자로 삼는다. 하지만 텍스트의 최종 단계에 이르러서는 독자들과 함께 "우리들"을 "그들" 쪽으로 억지로 밀어낸다.

주오코론판에서 삭제된 마지막 구절,

아아, 다시 보는 내 고향. 순사, 군인, 교사, 전차, 전봇대, 여학생, 벽돌 건물에 페인트칠, 철로 만든 현수교, 철조망. 나는 벚꽃 피는 환락의 섬이 아닌, 싱가포르보다도 더 하급의 식민지 어딘가로 흘러가는 느낌이 든다.

"내 고향"은 "싱가포르보다도 더 하급의 식민지 어딘가"라는 인식은 정곡을 찌른다. 이 인식은 〈사고의 프런티어〉 시리즈 I 에 수록된 《포스트 콜로니얼》에서 내가 지적한 것과 완벽히 겹친다.

즉 구미 열강의 식민지가 될지도 모른다는 위기적 상황(이 경우 러시아 제국과의 국경 확정)에 뚜껑을 덮고 마치 자발적 의지인 양 '문명개화' 라는 슬로건을 내걸고 구미 열강 모방에 내재된 자기식민지화를 은폐하고 망각함으로써 식민지적 무의식이 구조화된다.

《악감》은 이 "식민지적 무의식"을 철두철미하게 의식시키기 위한 언어적 실천이다.

"순사, 군인, 교사" 그리고 "여학생"은 "문명개화" 속에서 '군인칙유'와 '교육칙어'에서 말하는 "인의충효의 군자의 나라"에서 만들어진 "구미 열강"을 "모방"하는 선구자들이다. "전차, 전봇대", "벽돌건물에 페인트칠, 철로 만든 현수교, 철조망"은 모두 '문명개화'라는 슬로건 아래 개발되고 만들어진 도시의 구성물이다.

"벚꽃 피는 환락의 섬"이란 일본을 "식민지"로 만들었을지도 모르는 "구미 열강"의 식민지적 욕망이 투영된 "동방 대일본제국"의 모습 그 자체다. "러시아를 이긴 메이지의 문명국"이기 때문에 일본어 언어 시스템을 통해 "우리들"이라는 차별의 공범관계로 맺어져 있던 사람들은 '문명개화'라는 자기식민지화를 무의식중에 억압하고 필사적으로 망각하려고 해온 것이다. 《악감》이라는 텍스트가 이렇게 잊힌 모든 것을 기억 속에서 꺼내 다시 인식하게 했다.

실은 언어를 구사하는 한 사람의 주체 내부의 이중언어성이 자기식민지화한 "대일본제국"을 지탱해왔다는 것을 《악감》은 날카롭게 분석해냈다. 프랑스어로 쓰인 뮈세의 시를 일본어로 번역할 수 있을 정도로 두 언어 시스템의 구사능력을 지닌 단계의 "나"는 "싱가포르"의 "토인"을 차별할 수 있었다. 프랑스어를 구사할 수 있는 "내"가 일본어로 쓴 차별의 담론을 "우리들"의 일원으로서 함께 공유하고 있던 독자는, 그 차별적 언어의 대상은 '그대들'이라는 환상 속에서만 차별자로서 "나"의 공범자일 수 있었다. 하지만 대체 일본어를 구사하는 사람들 중 어느 정도가 프랑스어를 구사할 수 있을까.

프랑스어를 구사할 수 있었던 "내"가 더 이상 뮈세의 시를 일본어로 번역하지 못하는 그때 "우리들"이 될 수 있다고 믿고 있던 독자들이 발붙일 곳 또한 한꺼번에 무너지고 만다. 여기에 《악감》이 말하려고 한 진정한 "악감"이 들어가 있다.

《악감》은 의식적으로 쓰였는가

그렇다면 지금까지의 분석을 통해 《악감》이라는 텍스트에서 읽어낼 수 있었던 의미를 저자인 나가이 카후는 어디까지 인식하고 썼을까. 나는 거의 대부분 인식하고 있었다고 본다. 왜냐하면 《악감》의 앞머리에 역시 주오코론판에서는 삭제된 다음과 같은 문장이 존재하기 때문이다.

악감

Grâce à la vorace Ironie

Qui me secoue et qui me mord.

— Baudelaire

감사한다, 탐란貪乩의 '풍자'여
내 마음을 뒤엎고 내 몸을 문다
 ─보들레르

　이것은 보들레르의 〈나와 내 몸을 벌하는 자〉(표제는 그리스어)라
는 시의 한 구절이다. "나와 내 몸을 벌하는 자"란 바로 자기식민
지화를 통해 자신을 타자화시키고 그때까지의 자신을 말살하는
자, 그리고는 자신의 행위 자체를 망각하고 무의식화하며 식민지
주의적 무의식을 은폐하는 것도 모자라 식민지주의적 의식을 계
속 지니려고 하는 자다.
　나가이가 인용한 부분은 다음과 같이 번역할 수 있다.

모든 것을 먹어치우는 아이러니에게
내가 흔들리고 물린 덕분에

혹은 다음과 같이 번역할 수도 있겠다.

나를 흔들고 나를 깨무는
탐욕스러운 〈아이러니〉 덕분에

　나를 깨무는 행위, 거의 자해행위라고도 할 수 있는 표현행위로서
아이러니야말로《악감》의 인종차별주의적 표현을 비판하는 데 핵심

이 되는 언어와 텍스트와의 상호관계성을 만들어내는 엔진이다.

아이러니는 기존의 언어 시스템 속에 존재하는, 가치평가를 수반한 이항대립의 자명성에 의심의 잣대를 들이댄다. 아이러니는 동물의 뇌가 긍정인지 부정인지에 대해 정서적 혹은 감정적으로 선택하고, 유쾌한지 불쾌한지에 대해 판단을 내리는 기능을 정지시킨다. 그리고 고정화된 감정에서 벗어나 완전히 다른 감정으로 이행할 수 있게 만든다. 아이러니를 사용하면 억지에 억지를 거듭하게 되고 그 결과 이론적으로 당초의 이항대립 자체가 억지에 지나지 않는다는 결론에 도달한다. 이것이야말로 언어를 구사하며 살아가는 인간의 뇌의 사고가 아닐까.

《악감》은 인종차별주의에 대항 가능한 언어를 실천하는 데 가장 중요한 전략을 가르쳐준다. 인종차별주의가 언어를 구사하며 살아가는 인간의 뇌의 사고를 정지시키고 동물의 뇌가 선택하는 방향으로 유도하며 항상 인간의 폭력성을 선동하고 있다는 점을 잊어서는 안 된다.

04

기본문헌 안내

차별, 특히 인종차별의 문제에 대해서는 관련 담론을 피차별자의 입장에서 비판적으로 검증하고, 인종차별이 포스트콜로니얼 사회에서도 식민지주의를 강요하는 이항대립적 유형화를 통해 개인과 집단의 심리, 기분이나 감정을 규정한다는 것이 기본적 입장이다. **프란츠 파농**의 《**검은 피부 하얀 가면**_Peau noire, masques blancs_》(1952, 이석호 옮김, 인간사랑, 1998)과 《**대지의 저주받은 사람들**_Les Damnnes de la terre_》(1961, 남경택 옮김, 그린비, 2010)이 이러한 논의의 출발점이 되었다.

인종차별주의(레이시즘)와 성별, 계급 등 각각의 차별이 어떻게 구조화되고 상호작용하는지에 대해서는 **데이비드 더비딘**David Dabydeen의 《**대영제국의 계급, 인종, 성—W. 호거스를 통해 보는 흑인의 도상학**大英帝国の階級人種性—W.ホガースにみる黒人の図像学》(松村高夫·市橋秀夫 옮김, 同文館出版, 1992)이 하나의 모델을 제공해 주었다. 그리고 **가야트리 스피박**Gayatri Chakravorty Spivak은 《**서발**

턴은 말할 수 있는가サバルタンは語ることができるか》(원제: *Can the Subaltern Speak?*, 1988, 上村忠男 옮김, みすず書房, 1998)와 《**문화로서의 타자**文化としての他者》(원제: *In Other Worlds: Essays in Cultural Politics*, 1987, 鈴木聰 외 옮김, 紀伊国屋書店, 1990)를 통해 "쓰는 인간"으로서 지식인이 성별, 계급, 인종과 같은 복수의 차별이 교차하는 종속자(서발턴)에 대해 말할 수 있는지를 물으며, 저자와 독자가 암묵적으로 형성한 "우리들"이라는 공범적 전제에 대해 철저히 문제제기하는 것이 얼마나 어려운지를 논리적으로 밝혔다.

그리고 지식인과 종속자(서발턴) 사이에 존재하는 세계적 규모의 지정학적 힘의 관계를 총체적으로 고찰하기에는 **안토니오 그람시**의 《**지식인과 권력—역사적, 지정학적 고찰**知識人と権力—歴史的地政学的考察》(上村忠男 편역, みすず書房, 1999)을 추천한다.

인종차별주의 담론을 비롯한 차별적 담론이란 사용되는 언어체계 내에서 부정적 가치를 지니는 언어의 축적이며 그 담론을 신화와 같이 반복하는 가운데 그 언어를 사용하는 사회구성원의 집단적 기억이 만들어진다. 그리고 그 틀 속에 거의 무의식중에 배제와 포섭이 결정된다. 이러한 논의에 대해서는 우선 **프레드릭 제임슨 Fredric Jameson**의 《**변증법적 모험—맑스주의와 형식**弁証法的冒険—マルクス主義と形式》(원제: *Marxism and Form: Twentieth-century Dialectical Theories of Literature*, 1971, 荒川幾男·今西仁司·飯田年穂 옮김, 晶文社, 1980)과 《**정치적 무의식—사회적 상징행위로서의 이야기**政治的無意識—社会的象徴行為としての物語》(원제: *The Political Unconscious: Narrative* *as a Socially Symbolic Act*, 1981, 大橋洋一·木村茂雄·太田耕人 옮김, 平凡社, 1989)를 읽어보길 권한다.

앞에 소개한 책을 읽은 후 언어 시스템에 대해서 조금 더 깊이 고찰할 때에는 **자크 데리다**의 《**그라마톨로지***De la grammatologie*》 (1967, 김성도 옮김, 민음사, 2010)와 《**글쓰기와 차이***L' ecriture et la difference*》(1967, 남수인 옮김, 동문선, 2001)를 권장한다. 그리고 언어적 식민지주의의 실상을 알기 위해서는 **스티븐 그린블라트 Stephen Jay Greenblatt**의 《**불만을 배운다──근대초기의 문화논집悪 口を習う─近代初期の文化論集**》(磯山甚一 옮김, 法政大学出版局, 1993)을 읽어보기 바란다.

물론 **미셸 푸코**의 《**말과 사물**》(이규현 옮김, 민음사, 2012)과 《**지식 의 고고학**》(이정우 옮김, 민음사, 1992)이 가장 중요하다. 모든 논의 의 중요한 전제를 파악할 수 있기 때문이다.

이 책의 제1부에서 검토한 **알베르 멤미Albert Memmi**의 《**인종차 별人種差別**》(원제: *Le racism*, 菊地昌実·白井成雄 옮김, 法政大学出版局, 1996)을 **고든 올포트Gordon Allport**의 《**편견의 심리偏見の心理**》(원제: *The Nature of Prejudice*, 1954, 原谷達夫·野村昭 옮김, 培風館, 1961)와 **루퍼트 브라운Rupert Brown**의 《**편견의 사회심리학偏見の社会心理学**》 (원제: *Prejudice: Its social psychology*, 橋口捷久·黒川正流 편역, 北大路書 房, 1999)과 함께 읽어보라. '편견'이라는 것이 어떻게 인간의 심리 를 잠식해가는지 그 메커니즘을 보다 구체적으로 이해할 수 있다.

차별 문제를 하나의 언어공동체에 사회적으로 구성되어버린

'편견'을 전제로 고찰하는 것을 비판한, 본문에서 상세히 분석한 **사토 유타카**의 《차별론—편견이론비판》(明石書店, 2005)에 대해서는 저자인 사토가 직접 거론한 아래 문헌들이 도움이 될 것이다.

우선 차별 문제 전체를 사회학적으로 분석할 때에는 **구리하라 아키라栗原彬**가 엮은 **《강좌 차별의 사회학講座 差別の社会学》**(전4권, 弘文堂, 1996–97)을 추천한다. 현실에서 발생하는 차별의 문제를 이론적으로 어떻게 접근하면 되는지, 그 전체상을 짚어볼 수 있다.

차별에 존재하는 배제의 계기에 대해서는 본문에서 언급한 **아카사카 노리오**의 《(신편) 배제의 현상학》과 **이마무라 히토시今村仁司**의 《배제의 구조—힘의 일반경제서설排除の構造—力の一般経済序説》(青土社, 1989), 그리고 이 두 연구의 이론적 전제가 되는 **르네 지라르René Girard**의 《폭력과 성스러움*Éditions Bernard Grasset*》(1972, 김진식 외 옮김, 민음사, 2000)을 같이 읽으면 기본적 사고방식을 이해할 수 있을 것이다.

그리고 사토 유타카가 '공범자'와의 관계를 중시하여 '주체'와 '객체'의 '비대칭성'에 주목하게 된 이론적 전제를 고찰하기 위해서는 다음의 문헌이 중요하다.

에하라 유미코江原由美子의 **《여성해방이라는 사상女性解放という思想》**(勁草書房, 1985), **미하시 오사무三橋修**의 **《증보 차별론 노트増補 差別論ノート》**(新泉社, 1986), **야기 코스케八木晃介**의 **《차별표현의 사회학差別表現の社会学》**(法政出版, 1994), **야마자키 케이치山崎敬一**의 **《사회이론으로서의 에스노메소돌로지社会理論としてのエスノメソドロ**

ジー》(ハーベスト社, 2004), **토니 모리슨**Toni Morrison의 《**희다는 것과 상상력―미국 문학의 흑인상**白さと想像力―アメリカ文学の黒人像》(원제: *Playing in the dark*, 1992, 大社淑子 옮김, 朝日選書, 1994).

오리엔탈리즘 비판을 중심으로 하는 **에드워드 사이드**의 이론적 사색에 관해서는 다음의 문헌을 추천한다.

《**오리엔탈리즘**》(박홍규 옮김, 교보문고, 2007), 《**이슬람 보도―뉴스는 어떻게 만들어지는가**イスラム報道―ニュースはいかにつくられるか》(원제: *Covering Islam: how the media and the experts determine how we see the rest of the world*, 1981, 浅井信雄・佐藤成文 옮김, みすず書房, 1986), 《**세계, 텍스트, 비평가**世界テキスト批評家》(원제: *The world, the text, and the critic*, 1984, 山形和美 옮김, 法政大学出版, 1995), 《**에드워드 사이드의 음악은 사회적이다**》(박홍규・최유준 옮김, 이다미디어, 2008), 《**문화와 제국주의**》(김성곤・정정호 옮김, 창, 2011) 등.

그리고 이 책의 문제의식의 출발점인, 언어를 매개로 한 자기와 타자의 관계에 대해서는 다음과 같은 문헌을 참조하기 바란다.

자크 라캉의 《**에크리**エクリ》(전3권, 원제: *Écrits*, 1966, 佐々木孝次 외 옮김, 弘文堂, 1972-1981), **로널드 랭**Ronald David Laing의 《**찢겨진 자기―분열병과 분열병질의 실존적 연구**ひき裂かれた自己―分裂病と分裂病質の実存的研究》(원제: *The divided self: an exstential study in sanity and madness*, 1960, 阪本健二 외 옮김, みすず書房, 1971), 《**자기와 타자**自己と他者》(원제: *Self and others*, 志貴春彦・笠原嘉 옮김, みすず書房, 1975), **지그문트 프로이트**의 《**자아논집**自我論集》(竹田青嗣・中山元 옮김, 筑

摩書房, 1996), 에마뉘엘 레비나스Emmanuel Levinas의 《존재에서
존재자로》(서동욱 옮김, 민음사, 2003).

특히 인간이 '해도 되는 것'과 '해서는 안 되는 것'을 구분할 때
의 언어의 기능, 법의 문제와 관련하여 인간사회의 금기(터부)와
언어와의 관계에 대해서 생각할 때에는 **피에르 르장드르Pierre
Legendre**의 《**도그마 인류학총설—서양의 도그마적 제문제ドグマ人
類学総説—西洋のドグマ的諸問題**》(원제: *Sur la question dogmatique en
Occident: aspects théoriques*, 1999, 谷修 감수, 嘉戸一将·佐々木中·橋本一
径·森本庸介 옮김, 平凡社, 2003)를 빠뜨릴 수 없다. 르장드르는 "인
간은 말을 통해 생존을 조직하고 표상 속을 살아가는 생물"이라는
입장에서 모든 것이 산업화된 현대사회를 비판한다. 이 책에서 사
용한 "언어를 구사하는 생물인 인간"이라는 개념은 르장드르의 논
의에 기반하고 있다. 르장드르의 《**진리의 제국—산업적 도그마공
간입문眞理の帝国—産業的ドグマ空間入門**》(원제: *L'empire de la vérité :
introduction aux espaces dogmatiques industriels*, 西谷修·橋本一径 옮김, 人
文書院, 2006)도 같이 참조하길 바란다.

선주민 말살을 비롯한 식민지주의의 근원적 폭력과 언어가 이
폭력을 은폐하는 관계에 대해서는 **츠베탕 토도로프Tzvetan Todorov**
의 《**타자의 기호학—미 대륙의 제복他者の記号学—アメリカ大陸の制
服**》(원제: *La conquête de l'Amérique: la question de l'autre*, 1982, 及川馥 외
옮김, 法政大学出版局, 1986)과 **피터 흄Peter Hulme**의 《**정복의 수사
학—유럽과 카리브해 선주민, 1492-1797년征服の修辞学—ヨーロッ**

パとカリブ海の先住民》(원제: *Colonial encounters: Europe and the native Caribbean, 1492-1797*, 1992, 岩尾龍太郎 외 옮김, 法政大学出版局, 1995) 등을 통해 스스로 혹은 타자를 표상할 때 폭력이 어떻게 개재되는지 파악할 필요가 있다.

인종차별주의(레이시즘)는 결코 과거의 무지한 편견의 결과로 나타난 것이 아니다. 20세기의 국가폭력인 전쟁에서 인종차별주의는 가장 효과적으로 사용되었다. 그리고 일본이라는 국가가 지금까지도 벗어나지 못한 역사인식 문제와도 밀접히 관련되어 있다.

태평양전쟁 때 일본도 연합국 측도 인종차별주의를 얼마나 이용했는지는 **존 다워John Dower**의 《**인종편견—태평양전쟁에서 보는 미일마찰의 저류人種偏見—太平洋戦争に見る日米摩擦の底流**》(원제: *War without mercy: race and power in the Pacific War*, 1986, 猿谷要 감수, 斎藤元一 옮김, TBSブリタニカ, 1987)를 보면 자세히 알 수 있다.

냉전구조 붕괴 후 세계화 시대의 계급대립 문제를 인종 문제로 환원해서 표상하려는 움직임이 내셔널리즘과 밀접히 연관되면서 더욱 강화되는 현상을 어떻게 볼 것인지, 최근 이 문제에 관한 날카로운 분석이 이루어지고 있다. 이러한 문제를 전체적으로 파악하기 위해서는 **에티엔 발리바르Etienne Balibar**와 **이매뉴얼 월러스틴Immanuel Wallerstein**의 《**인종, 국민, 계급—흔들리는 아이덴티티人種国民階級—揺らぐアイデンティティ**》(원제: *Race, nation, classe: les identités ambiguës*, 1990, 若森章孝 외 옮김, 大村書店, 1997)는 반드시 읽어야 한다. 그리고 인종차별주의에 대한 발리바르의 마르크스주의적 접근방식을 이해하기 위해서는 **알튀세르**와 함께 쓴 《**자본론을 읽는다**資本論を読む》(원제: *Lire le Capital*, 1965, 権寧·神戸仁彦 옮김, 合同出版, 1974)와 《**루이 알튀세르: 끝이 없는 절단을 위해**ルイ·アルチュセール·終わりなき切断のために》(원제: *Écrits pour Althusser*, 1991, 福井和美 편역, 藤原書店, 1994)는 읽어둬야 한다.

그리고 **월러스틴**의 문제의식을 파악하기 위해서는 《**근대세계체제**》(전3권, 김인중 외 옮김, 까치, 1999), 《**사적 시스템 자본주의**史的システムとしての資本主義》(원제: *Historical capitalism with capitalist civilization*, 1996, 川北稔 옮김, 岩波書店, 1997), 《**탈＝사회과학──19세기 패러다임의 한계**脱＝社会科学──19世紀パラダイムの限界》(원제: *Unthinking social science: the limits of Nineteenth-Century paradigms*, 1991, 本多健吉·高橋章 감역, 藤原書店, 1993) 등을 읽을 필요가 있다. 그리고 일련의 연구의 이론적 전제를 파악하기 위해서는 **한나 아렌트**의 《**전체주의의 기원**》(전2권, 이진우·박미애 옮김, 한길사, 2006) 또한 필독서다.

나가며

　'인종차별주의(레이시즘)'는 결코 사라지지 않았다. 오히려 21세기 들어 강화되었다고 할 수밖에 없다. 2001년 9월 11일 뉴욕 세계무역센터의 쌍둥이 빌딩에 여객기가 충돌한 그 사건 이후 그때까지와는 전혀 다른 수준의 "새로운 인종주의" 담론이 나날이 대량으로 생산되고 있다.

　발리바르가 말하는 "착취당한(사회국가의 탄생 이전에는 초과착취당했던) 사람들과 정치적으로 위협하는 사람들"은 '테러리스트' 혹은 그 예비군으로 지칭되며 이슬람 세계와 아랍 세계가 한데 뭉뚱그려져 같은 이미지로 계속 표상되고 있다.

　에드워드 사이드는 9·11 직후 다음과 같이 사태를 분석했다.

현실에는 제국주의 대국이 처음으로 자국 내에서 당하고, 명백한 경계선도 없이 눈에 보이는 행위자도 없이 갑자기 새로 그어진 분쟁의 지리학 속에서 자신의 이익을 체계적으로 추구하고 있다. 미래의 결과나 수사법적 억제는 내팽개치고 마니교적(선악이원론적) 상징과 묵시록적 시나리오만을 떠들고 다닌다.

－《전쟁과 프로파간다戦争とプロパガンダ》(원제: *War and propaganda: a*

collection of essays, 中野真紀子・早尾貴紀 옮김, みすず書房, 2002)

"마니교적(선악이원론적)"이란 프란츠 파농이 식민지주의 안에 존재하는 인종차별주의 담론 시스템을 비판할 때 쓰는 개념이다. 그런데 우리들은 이러한 담론들이 팽배한 세상에서 매일을 살고 있다.

글로벌 자본은 한 곳에 몰린 군사력에 기반하는 전쟁이라는 폭력을 정당화하면서 매일 "자신의 이익을 체계적으로 추구하고 있다". 시장원리주의라는 경제의 의사이론에 의해 국민국가는 이제 정치 자체를 포기했다. 정치지도자들은 표면적으로는 국익을 주장하지만 속으로는 글로벌 자본으로부터 얻는 "자신의 이익을 체계적으로 추구하고 있"을 뿐이며 대다수 자국민의 이익을 글로벌 자본에게 팔아넘기고 있다.

대다수 사람들은 국민국가의 법으로부터 더 이상 보호받을 수 없도록 매일 조금씩 국가로부터 버림받고 있다. "착취당"하는 사람들이 지금 다시 한 번 "초과착취당"하는 사람들로 바뀌어가고 있다. 게다가 그들을 "초과착취"로부터 구제할 수 있었던 지금까지의 사회 시스템은 점점 파괴되고 있다. 이러한 의미에서 "정치적으로 위협하는 사람들"은 일본에서도 계속 증가 추세다.

차별어가 아니라는 이유로 "마케구미"라는 기묘한 언어가 언론에서 사용되면서, 노골적인 약육강식의 사회양극화를 은폐하기 위해 '프리터Free Arbeiter'(아르바이트로 생계를 꾸리는 사람들—옮긴이), '니트Not in Education, Employment or Training' (일을 하지도 않고 일할 의지도 없는 사람들—옮긴이), '워킹 푸어'라는 외래신조어가 만들어졌다. 이러한 사람들이 마치 지금까지 없었던 새로운 존재인 듯 묘사되면서 이 신조어가 많은 사람들을 범주화하게 되자 "새로운 인종주의"를 표상하는 대상이 되어버렸다.

'프리터', '니트', '워킹 푸어'의 현상을 분석하는 담론은 대부분 "새로운 인종주의" 담론을 확대재생산할 뿐이다. 왜냐하면 이러한 개념들을 만들어내는 양극화 사회를 초래한 신자유주의, 신보수주의 정책을 비판하거나 그 정책을 시행하는 정치지도자들과 글로벌 자본의 책임을 따지지 않는 한 이러한 담론은 '오리엔탈리즘' 담론과 같을 수밖에 없기 때문이다.

즉 대항의 축을 명시하지 않는 언론의 현상분석 담론에는 그 담론의 발신자와 수신자 사이에 "우리들"은 '프리터', '니트', '워킹 푸어'가 아니라는 공범관계가 항상 존재한다. 정보산업인 언론계에 종사하는 발신자들은 모두 '가치구미'에 속한다. 하지만 수신자인 우리들도 과연 마찬가질까. 현상을 분석하는 담론을 상품으로 소비하면서 난 그래도 언론이 떠들어대는 저 정도로 심각하지는 않다는 징후를 하나라도 찾아내어 "우리들"의 범주 안에서 필사적으로 버티려는 욕망은, 스스로가 처한 현실에 대한 사고와 분석을 정지시킬 뿐이다.

"새로운 인종주의"가 숨기는 것은 '초과착취당'하는 '프롤레타리아'의 현실이다. 나가이가 《악감》에서 보여준 아이러니의 전략을 행사하기 위해서는 "나는 계속 초과착취당하고 있는 프롤레타리아다"라는 입장에서 사고하기 시작해야 한다.

2006년 9월 11일

고모리 요이치

옮긴이 후기

 저자인 고모리 요이치는 책이 출간되던 2006년 일본사회를 뜨겁게 달군 두 사건과 롯폰기 힐즈를 소개하는 것으로 계층/계급이 기준이 되는 신자유주의 시대, 세계화 시대의 "새로운 인종주의"에 대한 문제제기를 했다. 같은 해, 매년 연말에 발표되는 "올해의 유행어" 중 하나로 "격차사회格差社会"가 선정되었다. 격차사회란, 그때까지 대다수의 일본 국민이 중류계급이라는 "1억 총중류" 인식이 무너지고 교육이나 직업 등 각 분야에서의 격차가 벌어지면서 양극화가 심화된 사회를 일컫는다. 그리고 사회적·경제적 승자와 패자를 의미하는 "가치구미勝ち組"와 "마케구미負け組"도 후보에 들었다. 그만큼 계급/계층 간의 격차는 당시 일본사회의 핫한 이슈였던 셈이다. 이 책은 이러한 동시대적 문제를 바탕삼아, 21세기 들어 보다 강화된 인종차별주의(레이시즘)를 차이와 우열을 날조하는 "의사논리"라고 파악하면서 차별의식의 발생에는 언어 시스템이 밀접히 관련되어 있음을, 근본적으로 그리고 현재적으로 분석한 저서다.

 이 책을 번역하면서 옮긴이 또한 글쓴이의 문제의식에 크게 공감했고 많은 것을 배웠다. 단, 차별에 대해 생각할 때 "인종차별"

보다는 "민족차별"이라는 표현이 보다 현실적으로, 보다 실체적으로 다가온다는 것은 부인할 수 없다. 혹자는 21세기 글로벌 시대에 민족차별이라니 너무 구시대적 발상이다, 혹은 한국판 "자학사관"이 아니냐고 비난할지도 모르겠다. 하지만 여기에는 다음과 같은 개인적 경험과 일본사회의 현주소가 반영되어 있다.

옮긴이가 교환학생으로 일본에 유학하던 1998년, 일본 최고의 지성으로 손꼽히는 교토京都대학의 한 건물 복도 벽에 "조선인=부락민(책 55쪽에 '에타'로 표현된 일본의 피차별민)=노예"라고 쓰인 낙서를 발견하고는 충격을 받은 적이 있다. 그런데 다음날 더 큰 충격에 휩싸였다. 아주 예전에 악질적인 차별주의자가 쓴 것이라고 생각했던 그 낙서가 최근에 쓰인 것임을 알았기 때문이다. 심지어 차별적 낙서에 항의한 학생단체에게 누군가가 조선인과 부락민은 차별받아 마땅한 존재인데 왜 문제제기를 하냐며, 항의를 당장 그만두지 않으면 교토 시내 대학에 재학 중인 부락민 출신 학생들의 블랙리스트를 공개하겠다는 협박문까지 보냈다고 한다. 다시 한 번 말하지만 1998년 교토대학에서의 일이다.

그로부터 17년의 세월이 흘러 옮긴이는 한국과 도쿄를 거쳐 다시 교토로 돌아왔다. 그 사이, 한국과 일본은 월드컵을 공동개최했고 일본에서는 누구도 예상치 못했던 한류 붐이 일었다. 그리고 한국에서 활동하는 일본인 연예인들의 모습을 텔레비전에서 쉽게 찾아볼 수 있는 시대가 되었다. 그럼 이제는 위와 같은 낙서 따위는 찾아볼 수 없는 일본이 되었을까.

안타깝게도 그렇지 않다고 대답할 수밖에 없다. 이미 한국 언론에도 여러 차례 보도되었듯이 일본 각지의 거리에서는 반한, 혐한 시위가 끊이지 않고 대학의 강단조차 위협을 받는 사태에 이르렀다. 식민지시기부터 끊임없이 차별과 배제의 대상이었던 재일조선인에 한국인들까지 더해졌고, 그 수단 또한 거리 시위뿐 아니라 익명성을 방패로 허위, 날조된 정보를 유통시키는 SNS까지 다양해지고 또 그만큼 폭력화되었다. 2013년의 "올해의 유행어"로 '헤이트 스피치hate speech'(국적이나 민족, 종교, 성적 취향, 장애 등을 폄훼하여 차별, 증오, 폭력을 선동하는 증오 표현)가 선정될 정도다.

2009년 교토에서는 교토조선제1초급학교에 '자이니치(재일조선인─옮긴이) 특권을 용납하지 않는 시민 모임', 일명 재특회 멤버들이 몰려가 고성으로 아이들에게 "스파이의 자식들", "김치냄새 역겹다", "길 걸을 때는 구석에서 걸어라" 등의 욕을 퍼붓고 학교 기물을 파손하는, 이른바 '교토조선학교 습격사건'이 일어났다. 이에 학교와 학부모가 민사소송을 제기했고, 재일조선인을 비롯한 많은 시민들의 응원에 힘입어 2014년 재특회에 대해 학교 주변에서의 시위 금지와 약 1,200만 엔(약 1억 1,610만원)의 배상금 지불 판결이 나왔다.

그렇다면 한국사회는 어떤가. 일본과 같은 "민족차별"은 없을지 모르지만, 특정 지역 및 성별, 성적 취향, 장애인, 외국인 등을 대상으로 하는 한국판 '헤이트 스피치'와 여러 차별 문제가 빈번하게 발생하는 현실, 굳이 여기서 언급하지 않더라도 대부분 공감할 것이다.

다시 이 책의 논지로 돌아가면 "인종차별"이라는 제목이 붙어 있기는 하나, 앞서 말한 일본의 "민족차별"과 한국판 '헤이트 스피치' 등의 차별 문제를 생각하는 데 매우 유효한 단서를 제공해주리라 믿는다. 그리고 옮긴이 또한 역사를 공부하는 한 사람으로서, 무릇 지식인이란 끊임없이 의심하고 "왜"라는 화두를 던지며, 스스로가 속해 있는 문화와 국가에 대해 독립적·대립적 비판의식을 가져야 한다는 저자의 말을 가슴에 새기고자 한다.

마지막으로 번역자로서 많은 것이 부족한 옮긴이에게 귀중한 기회를 주신 한림대학교 한림과학원과 미숙한 번역을 매끄럽게 가다듬어주고 매번 마감을 지키지 못한 옮긴이를 너그럽게 이해해준 푸른역사의 정호영 편집자께 감사 말씀을 드리며 후기를 마치고자 한다.

찾아보기

사고의 프런티어 2—인종차별주의

⊙ 2015년 8월 25일 초판 1쇄 인쇄
⊙ 2015년 8월 31일 초판 1쇄 발행
⊙ 글쓴이   고모리 요이치
⊙ 기획   한림대학교 한림과학원
⊙ 옮긴이   배영미
⊙ 발행인   박혜숙
⊙ 책임편집   정호영
⊙ 영업·제작   변재원
⊙ 펴낸곳 도서출판 푸른역사
　우 03044 서울시 종로구 자하문로8길 13
　전화: 02)720-8921(편집부) 02)720-8920(영업부)
　팩스: 02)720-9887
　전자우편: 2013history@naver.com
　등록: 1997년 2월 14일 제13-483호
ⓒ 한림대학교 한림과학원, 2015

ISBN   979-11-5612-058-2 94900
세트   979-11-5612-056-8 94900